新课标国学美绘新读

亲近国学经典　　感受古典精神

胡元斌　郭艳红 ◎编著

增广贤文新读

阅读国学经典，可以培养良好的道德品质
提升儒雅、敦厚、睿智的气质

中国书籍出版社
China Book Press

序 言

　　泱泱中华五千载，悠悠国学民族魂。中华国学"为天地立心，为生民立命，为往圣继绝学，为万世开太平"的圣贤精神，是中华民族几千年来生生不息的根本，是华夏儿女的文化基因和精神支柱。

　　国学是中华民族增进团结的精神纽带，是炎黄子孙的心灵火炬，我们要世代相传并不断发扬光大。

　　国学经典是中华民族五千年的文化精髓，其中蕴含着丰富而深刻的人生智慧和处世哲理，经过千百年的历史洗礼和实践检验，仍然是今天广大青少年学习成长的有益的精神食粮。青少年阅读国学经典，能够秉承国学仁义精神，养成谦和待人、谨慎待己、勤学好问等优良品行，成为内外兼修的阳光少年和未来精英。

　　青少年阅读国学经典，如同师从贤哲，在人生的第一步就站在了先贤们的肩膀之上，能在高起点上开始人生的起跑。阅读圣贤之书，与圣贤为伍，可以使精神达到高尚的境界。

　　为此，我们特别编辑了这套国学作品新读丛书，根据新课标要求和广大青少年学习特点，在忠于原著基础上，除了配备原文外，还增设了简单明了的注释和白话新解，同时还配有相应的启迪故事和精美图片，图文并茂，生动形象，非常易于阅读、理解和欣赏，是广大青少年学习国学的最佳读物，相信大家从中会获得新的感受和新的教益。

前言

《增广贤文》又名《昔时贤文》、《古今贤文》，为我国古代儿童启蒙书目。此书最迟写成于明代万历年间，后经过明、清两代文人的不断增补，才改成现在这个模样。本书作者一直未见任何记载，只知道清代同治年间儒生周希陶曾进行过重订，很可能是民间创作的结晶。

《增广贤文》以有韵的谚语和文献佳句选编而成，其内容十分广泛，从礼仪道德、典章制度到风物典故、天文地理，几乎无所不含，而语句又通顺、易懂。其中心是讲人生哲学、处世之道。

《增广贤文》中的一些谚语、俗语反映了中华民族千百年来形成的勤劳朴实、吃苦耐劳的优良传统，成为宝贵的精神财富，如"一年之计在于春，一日之计在于晨"等。

另有一些关于社会、人生方面的内容，经过人世沧桑的千锤百炼，成为警世喻人的格言，如"良药苦口利于病，忠言逆耳利于行"，"善有善报，恶有恶报"，"乐不可极，乐极生悲"等。

还有一些谚语、俗语总结了千百年来人们同自然斗争的经验，成为简明生动哲理式的科学知识，如"近水知鱼性，近山知鸟音"，"近水楼台先得月，向阳花木早逢春"等。

《增广贤文》绝大多数句子都来自经史子集、诗词曲赋、戏剧小说以及文人杂记，其思想观念都直接或间接地来自儒释道各家经典，可以说，它是雅俗共赏的"经"的普及本，通过读《增广贤文》，我们就能领会到诸多经文的思想观念和人生智慧。

目 录

8	昔时贤文，诲汝谆谆	24	在家不会迎宾客，出外方知少主人
	秦始皇虚心纳谏		王安石吃剩饭
10	相识满天下，知心能几人	26	客来主不顾，应恐是痴人
	姚莹与张际亮		孟尝君待客
12	读书须用意，一字值千金	28	长江后浪推前浪，世上新人赶旧人
	王勃一字千金		李谧青出于蓝
14	画虎画皮难画骨，知人知面不知心	30	古人不见今时月，今月曾经照古人
	李林甫口蜜腹剑		苏东坡负荆请罪
16	钱财如粪土，仁义值千金	32	莫信直中直，须防仁不仁
	卜式重义轻财		陈之茂正直无私
18	路遥知马力，日久见人心	34	责人之心责己，恕己之心恕人
	路遥知马力		诸葛亮自求贬职
20	相见易得好，久住难为人	36	远水难救近火，远亲不如近邻
	刘君良友爱乡邻		李勉为友肝胆相照
22	是亲不似亲，非亲却似亲	38	力微休负重，言轻莫劝人
	管仲与鲍叔牙		李垂不被重用
		40	士者国之宝，儒为席上珍
			童子好学

42	酒中不语真君子，财上分明大丈夫	64	人无远虑，必有近忧
	葛洪卖柴求纸笔		十两黄金
44	积金千两，不如明解经书	66	成事莫说，覆水难收
	王应麟留书不留金		韩信之死
46	听君一席话，胜读十年书	68	黑发不知勤学早，转眼又是白头翁
	秀才上京赶考		王充惜时读书
48	庭前生瑞草，好事不如无	70	药能医假病，酒不解真愁
	范蠡辞官退隐		李白借酒浇愁
50	水至清则无鱼，人太急则无智	72	深山毕竟藏老虎，大海终须纳细流
	王述咬生鸡蛋		楚庄王一鸣惊人
52	宁可正而不足，不可邪而有余	74	去时终须去，再三留不住
	子余的先见之明		徐庶投曹营
54	命里有时终须有，命里无时莫强求	76	送君千里，终有一别
	陶渊明的田园生活		汪伦踏歌送李白
56	结交须胜己，似我不如无	78	许人一物，千金不移
	刘备责友		季札挂剑
58	知足常足，终身不辱	80	十年寒窗无人问，一举成名天下知
	孔子的弟子		梁灏八十二岁中状元
60	三思而行，再思可矣	82	官清司吏瘦，神灵庙祝肥
	义犬之墓		清廉俭朴的晏婴
62	好事不出门，坏事传千里		
	梁上君子		

84 择其善者而从之，其不善者而改之
　　曹参为相

86 少壮不努力，老大徒伤悲
　　神童变成普通人

88 一言既出，驷马难追
　　梁颢言而有信

90 不求金玉重重贵，但愿儿孙个个贤
　　田母拒金

92 杀人一万，自损三千
　　两败俱伤

94 善有善报，恶有恶报
　　吕玉父子团圆

96 凡事要好，须问三老
　　齐己求教

98 不因渔父引，怎得见波涛
　　尹儒学驾车

100 强中更有强中手，恶人须用恶人磨
　　鲁达拳打镇关西

102 光阴似箭，日月如梭
　　刘恕惜时如金

104 羊有跪乳之恩，鸦有反哺之义
　　剡子扮鹿取奶孝双亲

106 隐恶扬善，执其两端
　　吴子恬之妻

108 既坠釜甑，反顾无益
　　项羽乌江自刎

110 见者易，学者难
　　赵括纸上谈兵

112 从俭入奢易，从奢反俭难
　　杨震教学养家

114 信了肚，卖了屋
　　财主喝茶败家

116 但行好事，莫问前程
　　渔夫船桨退兵

118 河狭水急，人急计生
　　武松景阳冈打虎

120 万事劝人休瞒昧，举头三尺有神明
　　林冲杀仇人

122 惺惺常不足，憒憒作公卿
　　白痴皇帝司马衷

124 合理可作，小利莫争
　　许武礼让兄弟

126 贤妇令夫贵，恶妇令夫败
　　归有光的妻子

128 人老心未老，人穷志莫穷
　　马援老当益壮

130 乍富不知新受用，乍贫难改旧家风
　　苏轼分钱

132 屋漏更遭连夜雨，行船又遇打头风
　　马德称的遭遇

134 君子安贫，达人知命
　　孔子安贫乐道

136 忠言逆耳利于行，良药苦口利于病
　　樊哙劝刘邦

138 夫妻相合好，琴瑟与笙簧
　　举案齐眉

140 爽口食多偏作药，快心事过恐生殃
　　淳于髡借酒劝君

142 贪他一斗米，失却半年粮
　　贪官和珅被赐死

144 平生只会量人短，何不回头把自量
　　李离悔过自尽

146 人贫志短，马瘦毛长
　　杜甫人穷志不短

148 凡人不可貌相，海水不可斗量
　　丑姑见皇上

150 茅茨之屋，或有侯王
　　将军不怕出身低微

152 醉后乾坤大，壶中日月长
　　刘伶嗜酒如命

154 光阴黄金难买，一世如驹过隙
　　邵雍珍惜时间

156 千经万典，孝义为先
　　子欲养而亲不待

158 富从升合起，贫因不算来
　　第五伦勤俭持家

160 一毫之恶，劝人莫作
　　杨震拒收黄金

162 人各有心，心各有见
　　沈括舌战辽臣

164 父子和而家不退，兄弟和而家不分
　　王祥和王览兄友弟恭

166 国乱思良将，家贫思贤妻
　　李广大战匈奴

昔时贤文，诲汝谆谆

昔[1]时贤文[2]，诲[3]汝谆谆，集[4]韵[5]增广[6]，多见多闻。观今宜[7]鉴[8]古，无古不成今。

注释

[1] 昔：从前。
[2] 贤文：能规范人道德行为的好文章。
[3] 诲：教导。
[4] 集：搜集。
[5] 韵：韵文，如诗、词、赋、曲等。
[6] 增广：增智慧，广风闻。这里指《增广贤文》这本书。
[7] 宜：应该。
[8] 鉴：借鉴。

新读

过去的名言，多能起到教诲告诫人们的作用，《增广贤文》概括了古今多方面的内容，是一本能够启迪人们心智的良好蒙学读本。

没有古代的历史，就没有今天的发展。因此，我们应该借鉴古代的历史来指导今天的行动。这样，我们才会少走弯路，取得更大的成就。

秦始皇虚心纳谏

秦王嬴政扫灭六国后，改国号为秦，定国都于咸阳。他自以为德兼三皇，功过五帝，便自称"始皇帝"，后来人们就称他为秦始皇。

秦始皇统一中国后，如何管理天下？丞相王绾建议说，原来的燕国、齐国、楚国离京城都很远，应该分封皇子去做王，不然难以控制。廷尉李斯反对王绾的分封建议，他说："陛下要想江山稳固，要善于借鉴历史，总结经验教训。当年周武王得到天下后，曾经大封子弟功臣为诸侯，最终导致连年混战。如今陛下统一天下，可以在全国设置郡县，不要分封诸侯，这样才容易控制。"

秦始皇决定采纳李斯的意见，他说："以往天下苦战不休，都是因为分封诸侯王的缘故。现在天下安定，再分封诸侯王，又将会种下战争祸根。"

秦始皇听从李斯的建议，借鉴周朝的历史教训，建立的这套体制，对后世影响极大。后来各个封建王朝所实行的政治体制，大体上都是在秦制基础上逐步演变的。

李斯提出的这一套治国方案，也是广泛搜集前朝的经验教训，通过对历史的深刻研究才形成的，它是借鉴古代兴衰经验，指导当时行动的具体成果。

相识满天下，知心能几人

知①己知彼②，将心比心。酒逢知己饮，诗向会③人④吟⑤。相识满天下，知心⑥能几人。相逢⑦好似初⑧相识，到老终⑨无怨恨心。

注释

① 知：了解。

② 彼：对方，别人。

③ 会：懂得，理解。

④ 人：能够理解的人。

⑤ 吟：吟咏。

⑥ 知心：彼此契合，腹心相照。指相互深切了解、深交的人。

⑦ 相逢：相互交往。

⑧ 初：开始。

⑨ 终：始终。

新读

要想既了解自己，也了解别人，就要设身处地地为别人着想，体会别人的感受。有酒要与了解自己的人一起去喝才有意思，写诗要向懂得诗的内涵的人去吟，才会有所提高。

一个人生存在社会上，能够认识很多的人，但是，可彼此交心的却没有几个。

人和人之间交往，应该一直像初次见面时那样相互尊重，才会保持一定的友谊，这样相交，到老也不会产生怨恨之心。

故事

姚莹与张际亮

张际亮，福建建宁人。他才华横溢，秉性耿直，不随流俗，并喜欢广泛结交大江南北的仁人志士。

姚莹，安徽桐城人，是鸦片战争时期著名的抵抗派将领。他就任台湾兵备道后，坚决抗击英军侵略，为保卫祖国海疆立下汗马功劳。然而，他的正义举动却遭到昏聩腐朽的清政府的革职查办，并被逮入京师问罪。

这一冤狱在当时的知识分子群中引起了强烈的反响。张际亮此时重病在身，仍然不辞劳苦，四处奔走呼号，竭尽全力为姚莹鸣冤。他还决定亲自陪伴姚莹进京，以示对好友抗敌卫国之举的支持和对清廷制造冤狱的强烈抗议。

姚莹入狱后，清政府迫于舆论压力，不得不把姚莹释放。可是，本来就病魔缠身的张际亮，却因长途跋涉，病情更加恶化。张际亮在临终前，请求姚莹协助他整理自己生平所撰诗作。张际亮的病逝，使姚莹悲痛万分。他以真挚的感情，写下了《祭张亨甫文》和《张亨甫传》，寄托对故友的哀思。办理完张际亮的丧事后，姚莹还亲自护送张际亮的灵柩回故里安葬。张际亮和姚莹知心相交、患难相顾的感人故事，此后在民间广为传扬。

读书须用意，一字值千金

近水知①鱼性，近山识鸟音。易涨易退山溪水，易反易复②小人③心。运④去金成铁，时来铁似⑤金。读书须⑥用意⑦，一字值千金⑧。

注释

① 知：了解，熟悉。
② 复：翻过来，倒过来。
③ 小人：品质不好的人。
④ 运：运气。
⑤ 似：像，就像。
⑥ 须：应该。
⑦ 用意：用心。
⑧ 一字值千金：史书记载吕不韦的著作《吕氏春秋》，完成后曾在咸阳城门公开，有能增减一字的，赏千金。形容文章具有极高的价值。

新读

离水近的人，一般能知道鱼的情况；住在山边的人，大都能分辨出各种鸟儿的声音。

山溪里的水随着季节的变化，时涨时退；不明事理的小人随着时事的变化，反复无常。

运气不好时，金子可能变成废铁；运气到来时，废铁也可能变成黄金。

读书需要下苦工夫，只有舍得下苦工夫读书的人，才能写出文辞精妙的文章，也只有这样的人，才会对社会有所贡献。

故事

王勃一字千金

王勃，字子安，绛州龙门，即今山西省运城市万荣县人，唐代著名诗人。公元667年，王勃从京都来到南昌。当时，南昌都督阎伯屿在滕王阁大摆宴席，邀请远近文人学士为滕王阁题诗作序，王勃自然是其中宾客。在宴会中，王勃写下了著名的《滕王阁序》，临别时，他又写了序诗，其中两句为"阁中帝子今何在？槛外长江□自流"。

诗中王勃故意空了一字，然后便起身告辞。阎大人看了王勃的序文，正要发表溢美之词，却发现后句诗空了一个字，便觉奇怪。旁观的文人学士们你一言我一语，对此发表各自的高见，这个说，一定是"水"字；那个说，应该是"独"字。阎大人听了都觉得不能让人满意，于是，命人快马追赶王勃，请他把落了的字补上来。待来人追到王勃后，他的随从说道："我家公子有言，一字值千金。望阎大人海涵。"

来人返回将此话转告了阎伯屿，大人心里暗想："此分明是在敲诈本官，可气！"又一转念："怎么说也不能让一个字空着，不如随他的愿，这样本官也落个礼贤下士的好名声。"于是便命人备好纹银千两，赶到王勃住处。王勃接过银子故作惊讶："何劳大人下问，晚生岂敢空字？"大家听了只觉得不知其意，有人问道："那所空之处该当何解？"王勃笑道："空者，空也。阁中帝子今何在？槛外长江空自流。"大家听后一致称妙，阎大人也意味深长地说："一字千金，不愧为当今奇才。"

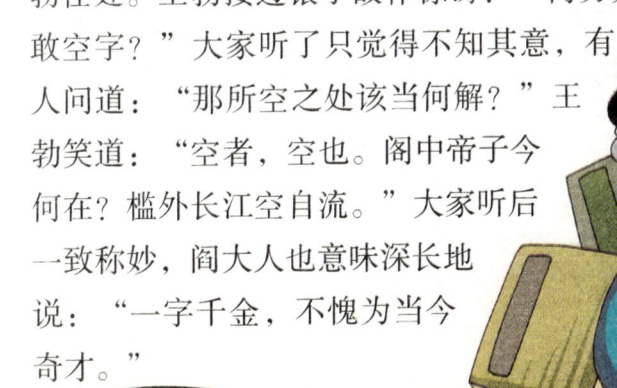

画虎画皮难画骨，知人知面不知心

逢人且①说三分话，未可②全抛一片心。有意栽花花不发，无心插柳柳成荫。画虎画皮难画骨，知③人知面④不知心。

注释

① 且：暂且。

② 未可：不可。

③ 知：认识，识别。

④ 面：外表。

新读

对人说话要留有一定的余地，不要只想着一吐为快，把心全部都交给了别人，那样的人到了后来往往会吃亏。

有很多时候，想办成的事情很难达到目的，不想办成的事却会毫不费力地办成了。就像我们有时候栽花种草一样，当你专心专意地想把一种花栽培好时，它反而枯萎了；可当我们随随便便地在地上插上一根柳枝，它却会意外地长成一棵参天大树。

了解一个人的外表比较容易，但要了解一个人的内心和思想却不是一件容易的事情。这和画画的道理一样，我们去画一只老虎的外形常常很容易，但要让你把老虎的骨头也画下来，你就难以办到了。

故事

李林甫口蜜腹剑

李林甫，唐宗室，小字哥奴。开元二十二年（734）五月，拜相，为礼部尚书。开元二十四年（736）底迁中书令，大权独揽。

此人若论才艺倒也不错，能书善画。但品德败坏。他嫉贤妒能，凡才能比他强、声望比他高的人，权势地位和他差不多的人他都不择手段地排斥打击。对唐玄宗，他有一套讨好卖乖的本领。

李林甫和人接触时，外貌上总是露出一副和蔼可亲的样子，嘴里尽说些动听的好话。但实际上，他的性格非常阴险狡猾，常常两面三刀，暗中害人。有一次，他装做诚恳的样子对同僚李适之说："华山出产大量黄金，如果能够开采出来，就可大大增加国家的财富。可惜皇上还不知道。"

李适之信以为真，连忙跑去建议玄宗快点开采。玄宗一听很高兴，立刻把李林甫找来商议，李林甫却说："这件事我早知道了。华山是帝王'风水'集中的地方，怎么可以随便开采呢？别人劝您开采，恐怕是不怀好意。我几次想把这件事告诉您，只是不敢开口。"玄宗被他这番话所打动，认为他真是一位忠君爱国的臣子，反而对李适之大不满意，逐渐对他疏远了。

宋朝司马光评价李林甫："口有蜜，腹有剑"，后演化为"口蜜腹剑"。

钱财如粪土，仁义值千金

钱财如粪土，仁①义②值千金。流水下滩非有意，白云出岫③本④无心。当时若不登高望，谁信东流海洋深。一日春工十日粮，十日春工半年粮。疏懒⑤人没吃，勤俭粮满仓。人亲财⑥不亲，财利要分清。

注释

① 仁：良心，善心。
② 义：诚实，守信，正义等道德。
③ 岫：山峰。
④ 本：本来。
⑤ 疏懒：闲散，懒惰。
⑥ 财：金钱，财物。

新读

钱财虽然是人人都需要的东西，但却如粪土一样，是最没有价值的，真正价值千金的东西是仁义和道德。

水从山上流往滩下不是有意的，白云从山洞中穿过也是无心的。当初如果不去登高望远，后来怎么会知道东海的浩瀚。

春天干一天活的收获够吃十天，春天干十天活的收获够吃半年。懒惰的人没有饭吃；勤俭的人家粮食满仓。两人是亲戚，两人的钱却不能乱用，钱财利润上一定要彼此分清。

故事

卜式重义轻财

卜式，西汉人，以牧羊为业。父母去世后，兄弟俩分家，卜式把家中的财产都让给了弟弟，自己只要了一百多头羊。他很会养羊，又善于理财，十年之后，羊群已繁殖到千余头，他买了房屋，又置办了土地，成为当地很有名的富户。而这时弟弟因经营不善而破产，卜式于是把自己的财产分了一半给弟弟。

当时，汉朝与匈奴连年作战，耗费了大量的钱财，国库空虚，卜式为此忧心忡忡。他给汉武帝写了封信，表示愿意献出自己的一半家产，作为边防军费开支，也算是他尽了一点爱国之心。

尽管有些豪富嘲弄挖苦他，说他傻，但他仍旧勤勤恳恳地牧羊、劳作，赈济穷人，还专门派人带着钱去边关地带救助因战祸而逃荒的难民，又捐出20万钱交给河南太守帮助边地移民。在卜式的带动下，不少富户也都出钱、出粮，资助朝廷府库。

汉武帝知道后说："像卜式这样一心为国的人太少了。要是大家都学他的样子，天下还愁不能大治吗？"他下诏书给卜式很多奖赏，卜式又把这些奖赏全都交给官府。

路遥知马力，日久见人心

路遥[1]知马力，日久见人心。两人一般心，无钱堪[2]买金，一人一般心，有钱难买针。忠厚自有忠厚报，豪强[3]一定受官刑[4]。人到公门[5]正好修，留些阴德[6]在后头。

注释

[1] 遥：远。

[2] 堪：可以。

[3] 豪强：有钱有势的人，这里指依仗权势欺压别人的人。

[4] 官刑：刑罚。

[5] 公门：指官门署衙。

[6] 阴德：指在人世间所做的而在阴间可以记功的好事，这是一种迷信的说法。这里指多做好事。

新读

路途遥远才知道马的力气，相处长了才了解人心。两个人一条心，日子会越过越好；若是一人怀着一种心思，那么，日子就会越过越穷，而且事业也不可能获得成功。

忠厚的人一定会有忠厚的报应，横行霸道的人一定会受到法律的制裁。一个人进了政府正好修行，留点阴德为以后做点打算。

故事

路遥知马力

传说在宋朝时,路遥为南京绅士,富甲一方且为人大度,乐善好施。马力是开封府尹包拯麾下马汉的侄子,当时是穷困潦倒的书生。

这一年,马力去京城赶考顺道投靠叔叔,当他走至南京时盘缠用尽,又身患重病,被困在客栈。走投无路的马力听说路遥乐于助人,就抱着试试看的想法前去求助。

到路府后,马力没有向路说明他与马汉的关系,路遥却一见如故,热情接待,为他请医治病还腾出房屋让马力读书。

路遥赏识马力的才学,二人义结金兰。马力病愈后,路遥赠送二百两纹银助他上东京(今开封)赶考,后马力得中。从此路马也失去联系。

多年后,路遥家中失火,家道中落无以为生。只有撇下妻子到开封投靠义弟马力,一路行乞到达开封。谁知到马府后恰遇马力不在家中,家人没有接待路遥。

路遥以为马力不念旧情一气之下拂袖而去。马力回家听家人说后,知是当年恩人来过,一面痛斥家人无礼,一面派家丁日久快马追赶路遥。日久追上路遥后说明原委,二人化解误会。

后马力将路遥一家接到开封。于是有了"路遥知马力,日久见人心"的典故。

相见易得好，久住难为人

相见①易得好，久住难为人。马行无力皆因瘦，人不风流②只为③贫。饶人不是痴汉④，痴汉不会饶人。人在家中坐，祸从天上落。但求心无愧，不怕有后灾。只有和气去迎人⑤，哪有相打⑥得太平⑦？

注释

① 相见：（初次）见面。
② 风流：行事风流潇洒。
③ 为：因为。
④ 痴汉：痴，傻，无知。痴汉，傻子。
⑤ 迎人：对待别人。
⑥ 相打：相互打斗。
⑦ 太平：国泰民安的好日子。

新读

人与人相处，短时期内接触容易处理好关系，但如果是长期住在一起，关系就难处了。

马跑不起来都是因为身体太瘦、没有力气；人不能扬眉吐气则是因为没有钱，家庭贫困。

能够宽以待人的人是通晓事理的人，而不通晓事理的愚笨人是不懂得宽以待人的。

人在家里坐着，灾祸从天而降。但求问心无愧，不必忧虑会有什么灾祸。只应该和和气气对待别人，哪有互相打斗得到太平日子的？

故事

刘君良友爱乡邻

刘君良,唐代深州饶阳人。他们家祖辈都讲究团结友爱,父慈子孝,兄弟团结和睦,到他这辈已经是四世同堂。

他们同族兄弟们都住在一个大家庭里,吃一个厨房的饭,共同劳动,治理家业,一斗粮、一尺布都不私用,真可谓是孝悌礼让的大人家。

隋大业末年,因年成不好,粮菜都歉收,刘君良的妻子不是个贤惠的人,这时她就造谣说天下要大乱,让大家分了家。分家一个月后,刘君良发觉是他妻子搞的诡计,便把妻子骂了一顿,将她赶回了娘家。妻子走后,他又把众兄弟召集到一起,说明了原因,让大家又合到一起住。这时地方上很乱,乡里的人无法安居,于是都来依靠刘家。大伙在他家修筑起堡垒来,起名叫"义成堡"。大伙守在这堡垒里,渡过了难关。

唐武德年间,深州别驾杨宏业专程来刘家访问。他看到刘家有六个大院,共同吃一个厨房做的饭菜。看到全家的子弟们都彬彬有礼,招待他酒饭,他感到很高兴,也很愉快。

唐贞观六年,朝廷特下诏书,表彰刘君良孝悌友邻、和睦家庭的高尚品德,号召大家向他学习。

是亲不似亲，非亲却似亲

是①亲②不似亲，非亲却似亲。美不美，故乡水，亲不亲，故乡人。莺花③犹怕春光④老⑤，岂可⑥教人枉⑦度⑧春⑨。

注释

① 是：本来，原本。
② 亲：亲人，亲属。
③ 莺花：莺，这里指鸟儿。莺花，莺鸣花开的意思。
④ 春光：时光，时间。
⑤ 老：原意是衰老，这里指时光流逝。
⑥ 岂可：怎能。
⑦ 枉：白白地。
⑧ 度：过，度过。
⑨ 春：这里指光阴。

新读

本来是自己的亲人，没有把他当亲人看待，却把不是亲人的人当做自己的亲人看待。

对故乡的东西倍感美好，故乡的水就是不甜也感觉十分香甜；对同乡的人倍感亲切，故乡来的人就是不熟也像是自己久别的亲人。

天上的鸟儿，地上的花儿尚且还怕时光流逝、春光老去，作为万物之灵的人类，我们怎么可以白白虚度大好光阴呢？

故事

管仲与鲍叔牙

管仲和鲍叔牙是春秋时期齐国人。他俩自幼贫贱结交,相互间非常了解,非常知心。

管仲和鲍叔牙都勤奋好学,知识渊博,长大后也都成了当时才华出众的名人。管仲做了齐公子纠的老师,鲍叔牙做了齐公子小白的老师,两人都忠心耿耿地为自己的主人效力。

后来,齐公子纠和齐公子小白因争夺君主地位,互相残杀起来。公子小白胜利了,当了齐国的君主,叫齐桓公。而公子纠被逼自杀,管仲也被俘,成了阶下囚。

齐桓公准备处死管仲。

鲍叔牙这时已做了齐国的宰相,他千方百计地解救管仲,并向齐桓公推荐管仲说:"管仲的才能大大超过我,要使齐国富强起来,请主公一定要重用他。"

齐桓公听了鲍叔牙的劝告,用最隆重的礼节,请管仲当了齐国的宰相。而鲍叔牙反而成了管仲的助手。

两人同心辅政,齐桓公很快成就了霸业,齐国成了春秋时期五个霸主中最早和最有名的一个。

管仲功成名就,十分感激知心朋友鲍叔牙,逢人便颂扬鲍叔牙的美德。

在家不会迎宾客，出外方知少主人

相逢不饮①空归去，洞口桃花也笑②人。红粉佳人③休④使老，风流浪子⑤莫教贫。在家不会迎宾客，出外方知少主人。黄金无假，阿魏⑥无真。

注释

① 饮：饮酒。
② 笑：笑话，嘲笑。
③ 红粉佳人：美丽的女性。红粉是妇女化妆用的胭脂和白粉。
④ 休：不要。
⑤ 风流浪子：有才华又不拘礼节的才子。
⑥ 阿魏：是新疆一种独特的药材，多年生一次结果草本，属伞形科，分新疆阿魏和圆茎阿魏两种。

新读

好友相逢如果不请其喝酒就让他回去，就是门口那盛开的桃花也会笑话你的吝啬。

漂亮的女人不要让她老，老了就会失去原有的风采；风流的浪子不要让他贫困，穷了就会有不雅的举动。

在家不会接待外来的客人，出去后受到别人的冷落，才会感叹作为主人待客的重要性。

黄金因为比一般金属贵重，所以要想造假不是那么容易；阿魏这种药材由于非常稀缺，因此，一般人很难看见真的。

故事

王安石吃剩饭

　　王安石是北宋杰出的政治家、思想家和文学家。他在担任宰相的时候,儿媳妇家的亲戚萧氏子到京城拜见王安石,王安石请他一起吃饭。

　　萧氏子穿着华丽的衣服前往,以为王安石一定会准备好丰盛的食物来款待他。

　　时近中午,仆人来唤。萧氏子跟随仆人来至餐厅。出乎萧氏子意料的是,桌上只有几盘家常便菜,几杯薄酒。

　　他有些失望了。又一想:宰相府焉能如此寒酸!

　　酒过数巡,王安石说了声:"进汤饭来!"

　　随后,仆人便把一盆汤和两盘薄饼放在桌上。

　　萧氏子彻底失望了,只好拿起一张饼,去掉边和皮,勉强吃了饼心,便撂筷了。

　　这萧公子哪里知道,这便饭还是王安石的待客饭呢,他平日只有一菜一汤啊。

　　王安石看了看桌上的残饼,想:百姓多有食草根、树皮、观音土者,他竟如此不知节俭,怎能兴国立业!但他想萧氏子是成年人,没有必要教训他,就拿过残饼自己吃了,萧氏子看见,十分惭愧地离开了。

　　待客之道能反映出一个人的思想境界和个性品格,王安石以自己的行动讽刺了萧氏子这类贪图名利的人。

客来主不顾，应恐是痴人

客来主不顾①，自是无良宾，良宾方不顾，应恐是痴人②。贫③居闹市无人问，富④在深山有远亲。谁人背后无人说，哪个人前不说人。

注释

① 顾：照顾，招呼。
② 痴人：傻瓜。
③ 贫：穷人。
④ 富：富人。

新读

客人来了，主人若不去热情迎接、打招呼，这种人恐怕不是不懂人情世故，就是一个十足的傻瓜。

人穷了，就是住在闹市也没人愿意理他；人富了，就是住得再偏远也会有人去登门拜访。

人生在世，什么人背后不被人说，又有谁在别人面前不去议论人呢？

故事

孟尝君待客

　　孟尝君，原名田文，因封于薛（今山东滕县东南），又称薛公，战国四公子之一，齐国宗室大臣。

　　孟尝君在薛邑，招揽各诸侯国的宾客以及犯罪逃亡的人，很多人归附了孟尝君。孟尝君宁肯舍弃家业也给他们丰厚的待遇，因此使天下的贤士无不倾心向往。他的食客有几千人，待遇不分贵贱一律与田文相同。

　　孟尝君每当接待宾客，与宾客坐着谈话时，总是在屏风后安排侍史，让他记录孟尝君与宾客的谈话内容，记载所问宾客亲戚的住处。宾客刚刚离开，孟尝君就已派使者到宾客亲戚家里抚慰问候，献上礼物。

　　有一次，孟尝君招待宾客吃晚饭，有个人遮住了灯亮，那个宾客很恼火，认为饭食的质量肯定不相等，放下碗筷就要辞别而去。

　　孟尝君马上站起来，亲自端着自己的饭食与他的相比，那个宾客惭愧得无地自容，就以刎颈自杀表示谢罪。贤士们因此有很多人都情愿归附孟尝君。

　　孟尝君对于来到门下的宾客都热情接纳，不挑拣，无亲疏，一律给予优厚的待遇。这些宾客后来也为孟尝君后来成就自己的事业立下了汗马功劳。

长江后浪推前浪，世上新人赶旧人

闹里①有钱，静处安身。来如风雨，去似微尘②。长江后浪推③前浪，世上新人④赶旧人。近水楼台⑤先得月，向阳⑥花木早逢⑦春。

注释

① 闹里：喧闹繁华的地方。

② 微尘：微小的尘粒。

③ 推：推动。

④ 新人：新的一代，下一代。

⑤ 近水楼台：靠近水边的楼台。这句话的意思是，靠近水边的楼台能够先得到月光的沐浴。

⑥ 向阳：向着阳光。

⑦ 逢：迎接。

新读

闹市是赚钱的地方，所以做生意的人都喜欢选择人多、热闹的场所；静地是休养身体的去处，因此想养生的人均爱去人少、僻静的山地。

来时动静很大，就像急风暴雨一样；走时没有任何声响，犹如飘荡在空中的灰尘。

长江后浪推动前浪前进，是河水前进的动力；世上新人替代旧人，是人类繁衍的自然规律。

近水楼台由于临近河边，能够抢先得到月光的沐浴，向阳的花木因为能够得到阳光的照耀，才可以提前跨越冬天的樊篱，提前开放。

故事

李谧青出于蓝

李谧，字永和，北魏赵涿人，相州刺史李安世之子。

李谧从小学习就很用功，在文学博士孔璠门下做学生。他勤奋刻苦，虚心好学，提高很快。几年后，李谧的学问超过了老师孔璠，有时候孔璠反过来又向李谧求教。

他的同学们敬佩地作了一首歌说："青成蓝，蓝谢青，师何常，在明经。"这首歌的意思是说，青色是从蓝草里提炼出来的，青色应该感谢蓝色；世上没有长久的老师，只有永远能够教育人的经文。

后来，他仍感觉自己的知识学问不足，于是发愤学习研究各类经书著作，竭力比较各类书籍的异同，对重复讹误之书，还作出校正。他曾说"丈夫拥书万卷，何假南面百城"。意思是说一个人如果家中藏有万册书，何需作百城之官来证明自己。

据史书记载，李谧所藏书"无重复者，4000卷有余"。因读《考工记》、《大戴礼记》，考其明堂之制不同，著有《明堂制度论》及《春秋丛林》等。

北魏延昌四年，即公元515年，李谧英年早逝，年仅三十二岁。他的老师孔璠上表朝廷追谥其为贞静处士，以表彰他的高风亮节。

古人不见今时月，今月曾经照古人

古人①不见今时月，今月曾经照②古人。先到为君③，后到为臣④。莫道君行早，更有早行人。好学者则庶民⑤之子为公卿⑥，不好学者则公卿之子为庶民。

注释

① 古人：古时的人。
② 照：照射、照耀。
③ 君：原意是君主，这里是主宰、统治的意思。
④ 臣：原意是指臣子，这里是指附属、次要的意思。
⑤ 庶民：指无官爵的平民百姓。
⑥ 公卿：三公九卿的简称。三公是中国古代最尊贵的三个官职的合称，古文经学家据《周礼》以太傅、太师、太保为三公。九卿是列卿或众卿之意。公卿在这里泛指高官。

新读

古里的人已经逝去，他们不会见到今天的月亮；但今天的月亮自古就有，它们曾经照耀过古代的人。

做事要讲究一定的秩序，以先来的为主，后来的为辅。

不要以为你行动得早，还有人比你行动得更早的人。

喜欢学习的人即使是家庭贫寒的平民子弟，也能通过自己的努力做到高官；相反，不爱学习的人，即使是锦衣玉食的高官后代，也会因为不思上进，碌碌无为而沦为平民百姓。

故事

苏东坡负荆请罪

一次，北宋著名文学家苏东坡去拜访宰相王安石，他在宰相居所没有见到王安石，却偶然发现了王安石书桌砚台底下压着的一首没有写完的诗："西风昨晚过园林，吹落黄花满地金。"

苏东坡想：只有秋天才刮金风，金风起处，群芳尽落，但菊花能傲霜雪，怎么花瓣四处飘落呢？

王安石恐怕是"江郎才尽"了吧？于是，他挥笔续诗："秋花不比春花落，说与诗人仔细吟。"

苏东坡写完，便拂袖而去。

后来，苏东坡贬官至湖北黄州府当团练副使。苏东坡到任后的当年秋天，好友陈季常请他到后花园赏菊饮酒。

当时，正巧是刮了几天大风之后，园中十几株菊花枝上一朵花也没有了，只见满地铺金，落英缤纷。

苏东坡一时瞠目结舌。

陈季常问："你见菊花落瓣，怎么这样惊诧呢？"

苏东坡讲了在王安石府上改菊花诗一事。

苏东坡感慨万分地说："我曾给王宰相改诗，以为他孤陋寡闻，谁知孤陋寡闻的竟是我自己。这事给我的教训太深了。看来凡事要谦虚谨慎，千万不可以自恃聪明啊！"

陈季常听了也感慨不已。

后来，苏东坡向王宰相"负荆请罪"，承认了错误。从此以后，苏东坡特别谦虚谨慎了。

莫信直中直，须防仁不仁

莫信[1]直中直[2]，须防[3]仁[4]不仁。山中有直树，世上无直人[5]。自恨枝无叶，莫怨太阳偏[6]。

注释

[1] 莫信：莫，不要。不要相信。

[2] 直中直：正直又正直。

[3] 防：提防。

[4] 仁：指人与人之间相互亲爱。孔子把"仁"作为最高的道德原则、道德标准和道德境界。

[5] 直人：正直的人，没有私心的人。

[6] 偏：歪，不在中间。这句话的意思是不要抱怨太阳没有照着你。

新读

不要相信所有人都是正直无私的，应该防备少数人的不仁不义。

在深山老林，我们可能会看到很多笔直的树；但在我们的身边，你却不一定能遇到正直的人。

树枝没有树叶，应该首先检查自身的原因，不可一味抱怨太阳的光芒没有惠及到自己。

陈之茂正直无私

南宋的时候,有一年秋天,都城临安举行进士考试。主持考试的官员叫陈之茂,这个人非常正直。

考试的头一天,陈之茂被请到丞相府,秦桧装腔作势地说:"你的工作做得很好,考试完了,我要在皇上面前保你升官。不过,有件事我想请你帮帮忙。我有一个孙子名叫秦埙,这次也来参加考试。他的文章写得很好,可以说是天下的英才,我看这次的头名进士准是他了。"

陈之茂听到这里就明白了。他气愤地站起来,严肃地对秦桧说:"我权责有限,只知道按照考试规章办事,府上公子文章写得好,我自然给他好名次。要是再说别的,我就管不得了。"说罢,一甩袍袖,气冲冲地离开了。

考试结束以后,陈之茂仔细批阅卷子。他发现有一个叫陆游的考生,文章写得流畅精彩,比秦埙的文章好得多。他便毫不犹豫地把陆游取为第一名。

发榜的那一天,秦桧听说第一名不是自己的孙子,气得直吹胡子,连饭都不吃,直嚷着要整死陈之茂。有人把这个消息告诉了陈之茂,陈之茂说:"不管是谁,公事就该公办。整死我算得了什么!"

后来,秦桧没等到整死陈之茂就死了,这件事就这么不了了之,而陈之茂的故事却被后人广泛传扬。

责人之心责己，恕己之心恕人

一年之计①在于春，一日之计在于晨。一家之计在于和②，一生之计在于勤。责③人之心责己，恕④己之心恕人。守口如瓶，防意如城⑤。宁可人负⑥我，切莫我负人。再三须慎意，第一莫欺心。

注释

① 计：打算。

② 和：和谐、协调。古语"家和万事兴"之说。

③ 责：责备。

④ 恕：宽恕，原谅。

⑤ 守口如瓶，防意如城：语出唐道世《诸经要集·九择要部过》引维摩经。喻严守秘密，不可告人。

⑥ 负：辜负；对不起人。

新读

一年最好的时光在万物生发的春天，一天最好的时机是在万象更新的早晨。

一家人和和睦睦的才是理想的生活，一个人勤劳肯干就会有无限的前程。

要用责备别人的态度要求自己，更要用原谅自己的态度对待别人。

如果能做到不胡乱说话，那么，你就会少惹许多是非，你的个人防护就会像一座城一样坚固。

宁可别人做对不起我的事，也不要我做伤害别人的坏事。

无论做什么事，一定要再三思考，谨慎又谨慎，当然最重要的是不要自己欺骗自己。

故事

诸葛亮自求贬职

三国时，蜀军中有个参军叫马谡，喜欢自吹自擂。蜀主刘备在临终前曾对丞相诸葛亮说："马谡言过其实，不可大用。"

可是，诸葛亮对此并没有引起足够的重视。他还认为马谡不仅擅长辞令，而且还很有才气，常与他海阔天空地长谈。

228年春，诸葛亮挥师北伐曹魏，向祁山进军。魏明帝曹叡派部将张郃救天水，抗蜀军。

诸葛亮闻讯后，料定张郃必定要抢夺街亭这个交通要道。于是，诸葛亮派马谡守卫街亭。

到了街亭后，马谡听不进副将王平的正确意见，却自以为是地在山上安营扎寨。

结果，魏军来到马谡守军的山下，切断水源，阻绝所有下山的道路，蜀军不战自乱，致使街亭失守。诸葛亮北伐，第一次进攻祁山就这样以失败告终。

回到汉中，诸葛亮见到逃回的马谡，心中后悔不已，连声叹道："都怪我固执己见，当初不听先主的劝告，才导致今天这样的后果，这完全是我的罪过啊！"

于是，他立即传令，将违反军令、严重失职的马谡斩首。接着，又向后主刘禅上书道："丢失街亭，虽然马谡有责任，但主要是我用人不当造成的。为此，我请求给自己贬职三级以记住这个教训。"

远水难救近火，远亲不如近邻

虎生①犹②可近③，人熟④不堪⑤亲。来说是非⑥者，便是是非人。远水⑦难救近火，远亲不如近邻。有茶有酒多兄弟，急难何曾见一人。

注释

① 生：陌生。
② 犹：还，尚且。
③ 近：靠近，接近。
④ 人熟：熟悉的人。
⑤ 堪：可以。
⑥ 是非：是，对的，正确的；非，错的，错误的。这里指搬弄是非，好说闲话。
⑦ 远水：远处的水。

新读

对从没见过的老虎可以表示亲近，因为老虎不一定个个都会吃人；但对太熟悉的人却不能够过分亲热，因为很多人都有不可告人的目的。

四处传播是非的人，其实就是挑拨是非，别有用心的人。

远水再多也难以救近处的火灾，远亲再好也不如近处的邻居有用。

一个人有身份有地位的时候朋友很多，那是由于人们有求于你；可到了危难的时候却看不见一个朋友，这是因为大家怕你麻烦他们。

故事

李勉为友肝胆相照

李勉是唐朝的宗室后代，当过开封尉、刺史、节度观察使，晚年还当过两年宰相。他一生中最喜好的就是与有才干、有知识的人结交。

李勉在年轻的时候，由于家境贫穷，所以在客居梁、宋等地读书时，曾和一名太学生同住一个旅舍。他们两人的关系很好，平日里常常一起谈诗作赋。一天，那个太学生突然得了急病，卧床不起。

李勉看他的病情十分严重，非常着急，忙给他请医生熬药，又给他端水端饭，无微不至地护理那位太学生。外面不知道内情的人，还以为他们是亲兄弟呢！

可太学生的病体却不见好转，后来眼看快要不行了。太学生趁房内无人，紧紧拉着李勉的手，流着泪说："你我朋友一场，没想到你对我这么好，这些银子你拿着。"

他说着，摸出几锭银子交给李勉，又说道："没人知道我身边藏有这么多银两，我死后请你用这笔钱将我安葬，余下的你就自己用吧！"说完，就去世了。李勉忍受着失去朋友的悲痛，给亡友买了棺木、衣衾等物，把他好好安葬了。剩下的钱，李勉分文未动，都随亡友一起埋入了土里。不久，太学生的遗属来找李勉，李勉便和他们一起去给亡友迁葬，并取出埋在地下的银两交给他们。遗属感动得不知说什么才好。

李勉却说："朋友一场，这是应该的！"

临别时，李勉又拿出了自己的银两和礼物送给遗属后，才把他们送上了回家的路。

力微休负重，言轻莫劝人

人情似纸①张张薄，世事如棋②局局新。山中也有千年树，世上难逢百岁人③。力微④休负重，言轻⑤莫劝人。惜钱莫教子，护短⑥莫从师⑦。记得旧文章，便是新举子⑧。

注释

① 人情似纸：比喻人的情谊和情分像纸一样脆弱。
② 世事如棋：比喻世事变化莫测。
③ 百岁人：形容人年岁大。
④ 力微：力气小。
⑤ 言轻：说话微不足道，没有分量。
⑥ 护短：包庇缺点或过失。
⑦ 从师：跟从老师学习。
⑧ 举子：举人。即科举考试中选的人。

新读

人与人之间的情分，就像一张薄纸一样脆弱；世界上的时事，则如棋局一样变化万千。

山上生长的有千年以上的树，世上能够活到百岁以上的人却不多见。

力气太小的人无法承担太大的重量，说话不被重视的人，也不要尝试着去劝解、影响或者改变他人。

怕花钱就不要送孩子去读书，有包庇孩子的坏毛病就不必为孩子请老师。

能够牢记前人的锦绣文章，就能成为新的举人。

故事

李垂不被重用

宋真宗时，聊城人李垂考中进士，先后担任著作郎、馆阁校理等官职。李垂很有才学，他为人正直，对当时官场中奉承拍马的作风非常反感，因此一直得不到重用。

当时的宰相丁谓，就是用阿谀奉承的卑劣手法获取宋真宗欢心的。他玩弄权术，独揽朝政。许多想升官的人都吹捧他。有人对李垂不走丁谓的门路不理解，问他为什么从未去拜谒过丁谓。李垂却说："丁谓身为宰相，不但不公正处理事务，而且仗势欺人，有负于朝廷对他的重托和百姓对他的期望。这样的人我为什么要去拜谒他呢？"

这话后来传到了丁谓那里，丁谓非常恼火，便借故把李垂贬到外地去当官。

宋仁宗即位后，丁谓倒了台，李垂又被召回京都。一些关心他的朋友对他说："朝廷里有些大臣知道你才学过人，想推举你当制诰。不过，当今宰相还不认识你，你何不去拜见一下他呢？"

李垂冷静地回答说："如果我三十年前就去拜谒当时的宰相丁谓，可能早就当上翰林学士了。我现在年纪大了，见到有的大臣处事不公正，还会当面指责他。我怎么能趋炎附势，看别人的眼色行事，借以来换取他们的荐引和提携呢？"

他的这番话又被人传到了宰相耳里，结果他再次被挤出京都，到外地当了州官。

士者国之宝，儒为席上珍

无钱休入众，遭难莫寻亲。平生莫作皱眉事[1]，世上应无切齿人[2]。士[3]者国之宝，儒[4]为席上珍。若要断酒法，醒眼看醉人。劝君莫将油炒菜[5]，留与儿孙夜读书。书中自有千钟粟[6]，书中自有颜如玉[7]。

注释

[1] 皱眉事：害人的事。

[2] 切齿人：仇人、恨你的人。

[3] 士：指具有某种品质或技能的人。

[4] 儒：读书人、有文化的人。

[5] 劝君莫将油炒菜：古时的油是用来点灯的。这句话的意思是将油节约下来点灯读书，求取功名。

[6] 千钟粟：很多的粮食，代指高官厚禄。钟是古代容量单位，六石四斗为一钟。

[7] 颜如玉：美丽的女子。

新读

没有钱不要到人前去，境遇不好的时候，不要去寻亲探友。

一辈子只要不做对不起人的事，世上就不会有恨自己的人。

读书之人是国家的宝贝，懂得礼义的人是国家的栋梁。

要想知道戒酒的办法，清醒时看看喝醉的人便知道该如何做了。

劝你不要用油炒菜，留下油给儿孙夜里读书作灯油。

用功读书会得到高官厚禄，好好读书也会娶到美丽的妻子。

故事

童子好学

东汉末年，有个大学者名叫郭泰，他的品德十分高尚。一天，他看见一个十二三岁的童子正在给他打扫书房，那个童子长得眉清目秀，而且举止有礼。于是，他就问那个童子说："你叫什么名字？什么时来的我家？"那童子彬彬有礼地答道："我叫魏昭，是这两天才由府上总管收下来的仆人，分派我给您做清洁工。"

郭泰问："你认识字、读过书吗？"魏昭说："读了一点。"郭泰拿起一本较容易的书考问他，这个孩子有问必答，都非常正确。他觉得这孩子不但聪明，而且很有学问。

郭泰说："你有这么好的素质，应该继续学习啊！来这里做仆人岂不是浪费青春吗？"

魏昭说："我是专门投到你府上来的，因为我听说'经师易遇，人师难遭'，所以想到你身边来，学习怎样做人啊！"

郭泰听了，深深地被这孩子积极进取的行为感动，于是收魏昭做自己的学生，尽心竭力地教育培养他。

在他的指导和教诲下，魏昭刻苦努力，学习勤奋。苍天不负苦心人，三年之后，竟博通"三坟五典"，锻炼得"善论谈，美音制"，成为一个德才兼备的学者。

酒中不语真君子，财上分明大丈夫

求人须求大丈夫[1]，济[2]人须济急时无[3]。渴时一滴如甘露[4]，醉后添杯[5]不如无。久住令人贱[6]，频[7]来亲也疏[8]。酒中不语[9]真君子，财上分明大丈夫。

注释

[1] 丈夫：男子汉，即有气节、有所作为的人。

[2] 济：帮助，接济。

[3] 急时无：指需要帮助的人。

[4] 甘露：甜美的水。

[5] 醉后添杯：喝醉酒后，继续添酒。

[6] 贱：轻视。

[7] 频：频繁，多次。

[8] 疏：疏远。

[9] 酒中不语：指喝醉酒后不胡言乱语。

新读

求人应该求那些有担待的英雄好汉，接济人要接济那些真正需要帮助的人。

人在口渴的时候，送一滴水就像送甘露一样；人在喝醉酒后，若再让他喝酒就没有必要了。

一个人在亲戚、朋友家住的时间长了会招人厌烦，人与人交往过多，再亲的人也会觉得厌烦，从而慢慢疏远。

喝醉酒时，不乱说话才是一个君子的作为，钱财上分得清楚，就能干出一番大的事业。

故事

葛洪卖柴求纸笔

东晋时期，在丹阳郡句容县市街上经常能看到一个十几岁的卖烧柴的孩子。他身材瘦小，沉重的柴担子把他的脊背都压成了弓形。

这一天太阳都偏西了，还没有人买柴，他就一直把担子挑到书肆店的门前，放下担子坐在柴捆上擦汗。他的名字叫葛洪，是个勤劳节俭，刻苦学习的孩子。

葛洪是个性格刚强、很有主见的孩子，家里没钱给他买笔、墨、纸、砚，他就每天早上上山打柴挑到城里去卖，卖了钱之后再买些纸、笔等回去学习。这天，葛洪挑着两大捆柴来到了书肆店，书肆店老板见葛洪坐在那儿，忙打招呼说："小伙子，又来买纸了？"

葛洪说："大伯，今天我的柴还没卖出去，想买点纸又没有钱，大伯你家缺柴烧吗？买下这些柴吧！都是一色儿的干树枝子，可好烧啦！我不要钱，你给我些纸笔就行，我这就给您挑进去吧？"

店老板打心眼儿里喜欢这个爱学习的孩子，于是笑着说："行啊！孩子，你帮我把柴搬到后屋去，我这就去给你拿纸笔。"

葛洪放好柴，店老板特地多拿了一些纸笔给葛洪，想让他多用一段时间，可葛洪拒绝了。葛洪说："我知道您是为我好，但大丈夫应该钱财分明，只有用自己的劳动换取的东西用了才会心安。"

店老板赞同地点点头，从此更喜欢买他的柴了。

葛洪由于学习刻苦努力，对经史百家都有研究，后来成为东晋著名的道教学者和医药学家。

积金千两，不如明解经书

出家①如初，成佛②有余。积③金千两，不如明解经书④。养子不教如养驴，养女不教如养猪。有田不耕仓廪⑤虚⑥，有书不读子孙愚。仓廪虚兮⑦岁月乏，子孙愚兮礼义疏⑧。

注释

① 出家：离开亲人、家庭，到庙宇里去做道士或僧尼。一般出家后，除了须吃斋念佛外，还要戒掉七情六欲。
② 成佛：佛教语。指永离生死烦恼的智慧者、觉悟者。
③ 积：储存。
④ 经书：指儒家经典，四书五经等。
⑤ 仓廪：装谷米的仓库。
⑥ 虚：空。
⑦ 兮：相当于"啊"、"呀"。
⑧ 疏：生疏、疏远。

新读

一个人只有像初出家时一样真心诚意，才能取得一定的成就。

积攒黄金千两，也不如通晓四书五经。

养儿子如果不教育的话，就像养了一头蠢驴一样；养女儿若不教育的话，则还不如养一头猪作用大。

有田地不去耕种，仓库就会空虚，有书不去读，子孙就会愚笨。

仓库空虚了，日子就会不好过，子孙愚笨了，又怎么能够知晓人世的礼义呢？

故事

王应麟留书不留金

"人遗子，金满籝，我教子，惟一经。"《三字经》的最后两句话，相信大部分人都知道。

作者的意思是说，有人遗留给子孙后代的是用不尽的金银钱财。而我却不是这样，我只留给我的后代一本能够指导他们学习的书，使他们能够通过学习做个对社会有用的人。

《三字经》的作者至今还没有定论，但大多数学者的意见认为是南宋的王应麟。

王应麟，字伯厚，号深宁居士，进士出身，是南宋著名的学者、教育家、政治家。他祖籍河南开封，后迁居庆元府鄞县，即今浙江鄞县。他经历了南宋的理宗、度宗、恭帝三个王朝，曾任吏部尚书。

王应麟博学多才，对经史子集、天文地理都有研究，是南宋末年著名的经史学者。南宋灭亡以后，他隐居乡里，闭门谢客，开始著书立说。

王应麟隐居乡里二十年，所有著作，只写甲子不写年号，以示不向元朝称臣。

《三字经》是王应麟晚年为教育本族子弟读书编写的一本融会我国文化精粹的"三字歌诀"。

他是通古博今的大儒，以他举重若轻的大家手笔写这样一部"三字歌诀"，当然是非同凡响。

王应麟的《三字经》固然令人喜爱，但其"我教子，惟一经"的精神更是令人敬仰。

听君一席话，胜读十年书

听君一席话，胜①读十年书。人不通今古，马牛如襟裾②。茫茫四海③人无数，哪个男儿是丈夫。白酒酿成缘④好客⑤，黄金散尽为收书⑥。

注释

① 胜：好过，比……更好。

② 马牛如襟裾：就像穿着衣服的牛马。襟裾：代指衣服。襟：上衣的前面部分。裾：衣服的前襟。

③ 四海：指天下、世界各地。

④ 缘：因为。

⑤ 好客：乐于接待客人。

⑥ 收书：收藏、购买书籍。

新读

同有修养的人谈一席话，胜过读了十年书。

人如果不读书、不懂礼义，没有知识，就与牛马穿上衣服没有两样。

放眼四望，在许许多多的人当中，有几个是真正有作为的人呢！

白酒酿成的目的，是为了接待远来的客人；而千金散尽的原因，却是为了收集天下的好书。

故事

秀才上京赶考

很久以前，有个穷秀才进京赶考。这天，他只顾赶路，错过了住宿的地方。眼看天色已晚，他心里非常着急。

正在这时，一个屠夫走过来，邀请他到自己家里去住。秀才见他面目和善，就欣然来到了他家。屠夫给秀才安置好住处后，两人谈得十分投机。

屠夫随口问秀才说："先生，万物都有雌雄，那么，大海里的水哪是雌，哪是雄？高山上的树木哪是公，哪是母呢？"

秀才一下子被问住了，他只好向屠夫请教。

屠夫说："海水有波有浪，波为雌，浪为雄，因为雄的总是强些。"

秀才听了连连点头，又问："那公树母树呢？"

屠夫说："公树就是松树，'松'字不是有个公字吗？梅花树是母树，因为'梅'字里有个'母'字。"

秀才听了这些话，一下子明白过来。

秀才到了京城，进了考场，把卷子打开一看，巧极了，皇上出的题，正是屠夫说给他的雌水雄水、公树母树之说。很多秀才看着题目，两眼发呆，只有这个秀才不假思索，一挥而就。

不久，秀才被点为状元。他特地回到屠夫家，送上厚礼，还亲笔写了一块匾送给屠夫，上面题的是"听君一席话，胜读十年书"。

庭前生瑞草，好事不如无

救人一命，胜造七级浮屠[1]。城门失火，殃及池鱼。庭前生瑞草[2]，好事不如无。欲[3]求生[4]富贵，须下死工夫。百年成[5]之不足[6]，一旦败之有余。

注释

[1] 浮屠：本是梵语的音译，意思即是"佛陀"，指释迦牟尼。而"七级浮屠"，即七层的塔，音译后的略称也是"浮屠"。所以，"浮屠"既可解作佛陀，亦可解作佛塔。

[2] 瑞草：吉利、吉祥的草。

[3] 欲：想要。

[4] 生：活着时。

[5] 成：建设。

[6] 足：足够。

新读

救人一条性命，功德无量，远胜过建造一座七层的佛塔。

城门如果着火，则会使护城河里的鱼受到株连而死亡。

庭前长出吉祥的草，这种好事不如没有。

要想得到荣华富贵，必须要下大的工夫才会成功。

努力多年常常难得成功，一旦毁坏却十分容易。

故事

范蠡辞官退隐

范蠡，字少伯，春秋时楚国宛人。春秋末期著名的政治家、军事家和实业家。范蠡于公元前496年前后，因不满当时楚国政治黑暗而投奔越国。

在越国，范蠡凭借自己的聪明才智，辅助越王勾践二十余年，终于使勾践于公元前473年一举灭了吴国。

范蠡帮助勾践灭了吴国后，全国上下都欢欣鼓舞，可他却一点都不高兴。因为通过多年的接触，他深知越王这个人只能与人共患难，却难以与人共富贵。

所以，当勾践的庆功大会开过不久，范蠡就去向勾践辞行。

勾践含泪挽留说："你走了叫我靠谁呢？你留下，我可以分一半国家给你。"

范蠡坚定不移地说："主辱臣忧，主忧臣死。当年主公在会稽受到侮辱，范蠡本来就应该去死。那时不肯死，是为了替主公报仇，如今大仇已报，我的心愿也就了了。"

勾践见范蠡去意已决，只好不再阻拦。范蠡走之前只带了些细软盘缠，便和德才貌兼备的巾帼奇女西施一起乘船离去。

范蠡在立下大功，身居高位的情况下，意识到"庭前生瑞草，好事不如无"，果断退出暗含杀机的官场，与美女西施泛舟五湖，经商致富，演绎了一出千古流芳的人生喜剧。

水至清则无鱼，人太急则无智

人心似铁，官法如炉①。善化②不足，恶化有余。水至清则无鱼，人太急则无智③。学在一人之下，用在万人之上。一字为师④，终身如父⑤。忘恩负义，禽兽之徒⑥。

注释

① 人心似铁，官法如炉：任你心如铁石坚硬，也逃不出洪炉般的法律。官法：国家的法律。

② 化：感化，使变化。

③ 水至清则无鱼，人太急则无智：这句话的意思是水太清，鱼就存不住身，人太紧张，就会失去理智。比喻过分计较人的小缺点，性情急躁，就不能很好地团结人。

④ 一字为师：指只要对你的进步有帮助的人，哪怕是指出你的一个字的错误，也应敬为师长。

⑤ 如父：像父亲那样。

⑥ 徒：指同一类人。

新读

即便人心如铁石，也会在如炉的官法中熔化。

积善不够，积恶有余的人，必定会受到惩罚。

水如果太清澈了，就不会有鱼存活。人如果脾气太急躁了，也不会有智谋产生。学习时在老师一人之下，运用时却可指挥万人。

哪怕只教过一个字的老师，终生都应像对父亲一样尊重。

忘恩负义的人，是禽兽不如的东西。

故事

王述咬生鸡蛋

王述，字怀祖，东晋人，因袭封蓝田侯，所以又叫王蓝田。王述世袭侯爵，官至散骑常侍、尚书令。

王述在担任州官时，清廉无比，俸禄赏赐都分散给亲戚朋友，住宅用具很破了都不改换，人们对他非常敬重。

但是他性子急躁易误事。有一次，他吃鸡蛋，用筷子刺戳鸡蛋，可是鸡蛋比较圆，一刺便滑走了。

他多次刺不到，非常生气，于是抓起鸡蛋便摔到地上。可是鸡蛋摔在地上不仅没有碎，反而还团团转圈，就像是在故意挑衅蓝田侯。

王述一见，更气愤了，他从席子上跳下来，又用脚狠狠地去踩鸡蛋。他那时穿的是木屐，要用屐齿踩到圆滚滚的鸡蛋也不容易，鸡蛋又滑走了。王述这时简直气得怒发冲冠，怒目圆睁，于是抓起鸡蛋放到嘴里恶狠狠地咬破，又吐到地上，这时才感觉解了气。

王述在担任高职以后，性格慢慢改变了，处理事情也总是采取比较柔和的方法。

当时有一个叫谢奕的人，性格非常粗鲁。有一次，不知因为什么事情被王述惹恼了，他大声咒骂王述，口中脏话不断。但王述一句都不回应，只是面对着墙壁不理他。

过了半天，谢奕离去，王述才重新入座。当时的人因为此事对他大加称赞。

宁可正而不足，不可邪而有余

智者减半，愚者全无[1]。是非终日[2]有，不信自然无。宁可正[3]而不足[4]，不可邪[5]而有余[6]。宁可信其有，不可信其无。

注释

[1] 智者减半，愚者全无：智者，聪明人。把所有自认为是智者的人减去一半，那么这世上就没有愚蠢的人了。

[2] 终日：终，从始至终；终日，天天、每天。

[3] 正：正直。

[4] 不足：缺少，不富足。

[5] 邪：邪门歪道。

[6] 有余：富足。

新读

聪明的人如果能够减少一半的话，那么全世界就找不到一个愚蠢的人了。

是非每天都会有，但是如果你不去听，或者听了不去信的话，那么它就不可能存在了。

宁肯做正直的人而过比较贫困的生活，也不要做奸邪的人而过富足的生活。

有些事宁可相信有，也不要轻易相信没有，否则就可能吃大亏。

故事

子余的先见之明

春秋时期，越国的国君让他的大臣子余去督造一条大船。当船造好后，有个商人请求做掌管船的官吏，子余没有任用他。

于是，商人就离开了越国，去了吴国，靠攀附王孙率而见到了吴国国君，并且说了越国大臣子余不用他的事情。

有一天，王孙率和他在江边游览。忽然起了飓风，江上的船都摇晃起来，他就屈着手指指着江里的船对王孙率说：某条船将要翻了，某条船不会翻，果然都被他说中了。

王孙率非常惊异，以为他是有特殊本领的人，就把他推荐给吴国国君，让他做了主管船只的官。

越国国君听说了这件事，责怪子余为何没有任用他。

子余说："我不是不知道他的这种本事，我曾经与他相处过，他是一个喜欢说大话的人，他总是说'越国没有人能够比得上我'。喜欢说大话的人总是夸耀自己的优点，招来很多奉承，他说没有人比得上他，必然是经常猜忌别人，而又没有一点自知之明。如今吴国重用这样的人，将来败坏吴国大事的必然是他。"

越国人都不相信子余的话。

没过多久，吴国征伐楚国，吴国国君让那个商人掌握船只，船从太湖驶出吴国的江河，逼近扶胥口时，就沉没了。

越国人这时才佩服子余的先见之明。

命里有时终须有，命里无时莫强求

竹篱茅舍[1]风光好，僧院道房[2]终不如。道院[3]迎仙客[4]，书堂[5]隐[6]相儒[7]。庭栽栖[8]凤竹，池养化龙鱼。

注释

[1] 竹篱茅舍：竹篱，竹子围成的篱笆；茅舍，茅草盖成的房屋。竹篱茅舍指简易的农家房屋。

[2] 僧院道房：僧院，和尚诵经的地方；道房，道士修炼的地方。僧院道房是指僧人道士居住的地方。

[3] 道院：道人所居之处。

[4] 仙客：指尊佛敬道的香客。

[5] 书堂：读书的房间。

[6] 隐：隐居。

[7] 相儒：指有宰相之才的读书人。

[8] 栖：停留、居住。

新读

竹篱笆和茅草屋虽然简陋，但却可以欣赏优美的风光，过自由自在的生活；僧人道士的屋室虽然华丽，但清规戒律束缚身心，少了一份人生乐趣，这是僧院道房的清修者不能比的。

寺院迎接的是有仙气的游客，书斋里隐居的是未来的宰相。

庭院里栽种的是能够供凤凰栖息的树，池塘里养育的则是即将化为飞龙的大鱼。

故事

陶渊明的田园生活

陶渊明，又名潜，字元亮，号"五柳先生"，出身于没落仕宦家庭。大约生于365年。曾任江州祭酒，建威参军，镇军参军，彭泽县令等，做彭泽县令八十多天，因不喜欢对上司阿谀奉承便弃职而去，从此归隐田园。

陶渊明辞官归里，过着"躬耕自资"的生活。夫人翟氏与他志同道合，安贫乐贱，"夫耕于前，妻锄于后"，共同劳动，维持生活。

在《归园田居》、《饮酒》等诗中，陶渊明对自己归隐后的生活作了描写，"白日掩柴扉，对酒绝尘想。时复墟里人，披草共往来。相见天杂言，但道桑麻长。"

"结庐在人境，而无车马喧。问君何能尔，心远地自偏。采菊东篱下，悠然见南山。"这些别人都瞧不上眼的乡村、平凡的事物、乡间生活，在陶渊明的笔下却显得那样的优美、宁静、亲切。

从古至今，有很多人喜欢陶渊明固守寒庐，寄意田园，超凡脱俗的人生哲学，以及他淡薄渺远，恬静自然，无与伦比的艺术风格。

他辞官回乡二十二年一直过着贫困的田园生活，而固穷守节的志趣，老而益坚。元嘉四年（427年）九月中旬神志还清醒的时候，给自己写了《拟挽歌辞》三首，在第三首诗中末两句说："死去何所道，托体同山阿"，表明他对死亡看得平淡自然。

公元427年，陶渊明走完了他六十三年的生命历程，与世长辞。

结交须胜己，似我不如无

结交须胜[1]己，似[2]我不如无。但[3]看三五日，相见不如初[4]。人情似水分高下[5]，世事如云任卷舒[6]。会说说都市，不会说屋里。

> **注释**
>
> [1] 胜：超过，胜过。
>
> [2] 似：相似。
>
> [3] 但：只要。
>
> [4] 初：初相识的印象。
>
> [5] 人情似水分高下：人情就像水一样有高有低。
>
> [6] 世事如云任卷舒：卷舒，卷起与展开。指世事的可变性极大，难以预测，只有顺其自然。

> **新读**
>
> 交朋友要与比自己本领大的人结交，如果与本领同自己差不多的人交往还不如不交为好。
>
> 一般人同友人交往，只要过了三五天后，再见面时的印象就不会有刚见面时那么好了。
>
> 人的情意像水一样有高有下不要去计较，世上的事情像云彩一样，我们也只能任凭它变化。
>
> 会说话的人讲的都是都市里的大事，不会说话的人只讲家中的小事。

故事

刘备责友

刘备是三国时期蜀国的建立者。刘备不仅善交朋友，和关羽、张飞结为异姓兄弟，还能诚恳地帮助朋友。

刘备和许汜两人推心置腹，无话不谈。有一天，刘备和荆州刺史刘表闲谈，评论当世著名的人物，许汜也在座。当谈到徐州的陈登时，许汜插话说："陈登的文化教养太低了，总也脱不掉一股粗野人习气。"

"你有根据吗？"刘备诧异地问。

"当然有。"许汜说："头几年，他在吕布那做事，我去拜访他，他不但不搭理人，晚上他自己睡大床，却让我睡在小床上。"

刘备笑着说："他这样做是对的。"

许汜站起来正要分辩，刘备双手搭在他的肩上，诚恳地说："你在外面的名气大，人们对你的要求也就高了。现在兵荒马乱，老百姓够苦的了。你不关心这些，只打听谁家买肥田，谁家买好屋，尽想捞便宜。陈登最看不起这种人，他怎会同你讲心里话呢？他让你睡小床，还算优待你哩。若是我，就让你睡在地上，连小床也不让你睡。"

刘表大笑说："许汜，你快改掉这毛病吧。"许汜感到刘备是真诚帮助自己，感激刘备批评人不留情面，并表示要改正自己的缺点。

知足常足，终身不辱

磨刀恨不利①，刀利伤人指；求②财恨③不多，财多害自己。知足④常足，终身不辱；知止⑤常止，终身不耻。有福⑥伤财，无福伤己。差之毫厘，失之千里⑦。

注释

① 利：刀口快，锋利的意思。
② 求：谋取，谋求。
③ 恨：抱怨，痛恨。
④ 知足：知，懂得；足，满足。
⑤ 知止：知道适可而止。
⑥ 有福：古代称富贵、长寿为福。
⑦ 差之毫厘，失之千里：毫厘，两个很小的计量单位，极言数量之小；形容开始时虽然相差很微小，结果会造成很大的错误。

新读

人们在磨刀的时候，常常怕刀磨得不锋利，但他们没有想到的是，刀太锋利却容易伤人手指。

人们在追求钱财时，唯恐赚得不多，可他们没有想到的是，钱财多了有时反而会害了自己。

懂得满足现状就会经常感到满足，懂得适可而止就不会招来耻辱。

遇到危险的时候有福的人只损失钱财，没有福的人就会伤害到自身。

有时出了一毫一厘的差错，就会与正确的目标相差千里。

故事

孔子的弟子

原宪是孔子的弟子，他以清静守节，安贫乐道而受人尊敬。他的房子是草搭成的，门是蓬草编成的，门枢是桑树条做的，屋内更是外面下大雨里面下小雨，但原宪仍然端坐其中丝毫不觉得清苦，修习礼乐儒道其乐融融。

有一天，孔子的另一个弟子子贡去找原宪。

子贡原名端木赐，他善于经商，在当时的曹、鲁两国之间经商致富，为孔子弟子中的首富。

子贡乘坐着高头大马拉的车，穿着雪白华丽的衣服，因为小巷容不下他的大车，他只好下车步行前去敲原宪家的门，只见原宪戴着用桦木皮做的帽子，拄着手杖出来开门迎接他。

子贡见原宪一副穷困寒酸的样子，惊讶地问道："嘻！先生这是生病了吗？"

原宪回答他说："我听说没有钱财叫做贫，学了道却不能身体力行去做才叫做病，我现在是贫并不是病。"子贡听后非常惭愧。

孔子还有个弟子叫颜回，他一箪食，一瓢饮，住在简陋的小巷中，别人都受不了这种苦，但他却安贫乐道，孔子对他称赞说："颜回真是个好学生啊！"

三思而行，再思可矣

若登高必自卑[1]，若涉远必自迩[2]。三思而行，再思可矣[3]。动口[4]不如亲为，求人[5]不如求己。小时是兄弟，长大各乡里。妒财[6]莫妒食，怨生莫怨死。

注释

[1] 卑：低下，低劣；这里指地势低下。

[2] 迩：近，近处。

[3] 三思而行，再思可矣：语出《论语》："季文子三思而后行。子闻之，曰：'再，斯可矣。'"意思是季文子每做一件事都要考虑多次。孔子听到了，说："考虑两次也就行了。"

[4] 动口：开口支使人。

[5] 求人：请求、央求别人。

[6] 妒财：妒，忌恨、厌恶；厌恨钱财。

新读

如果要登到高处，必须先从最低的地方开始；假若要向远方行走，必须要先从近处起步。

季文子每做一件事总是要思考多次后才去行动，其实没有必要那么谨慎，只要认真地思考两次就足够了。

开口支使别人做事不如自己亲自去做，请求别人办事不如自己身体力行。

小时候是亲密的兄弟，长大后为了生计，各自住在他乡不相往来。

金钱是万恶之源，我们可以厌恨钱财，但千万不要厌恨食物，因为它是我们生活的动力和养料；可以抱怨生者，但不要抱怨死者，因为死者已经没有办法再听见你的抱怨。

故事

义犬之墓

　　有一对夫妻养了一只狗,它就像是家里的成员一样,主人回来它总要摇着尾巴欢快地跑到主人怀里撒娇,伸出热乎乎的舌头舔舔主人的手。狗也很尽责,有生人来根本不让进门,直到家人劝住它。

　　后来这对夫妻有了个儿子,狗经常一动不动地在摇篮旁看着小家伙,也不叫唤,有时见到小家伙把被子踢开还会用嘴帮他盖好。只要这条狗在旁边,小家伙就不会哭,还很开心地和它玩!

　　有一次,夫妻俩要去办事,几个小时就回来。谁知回来的路上发生了意外,被堵在路整整一个晚上!终于等到第二天中午路通了,夫妻俩急忙赶回家,刚打开门就发现地上有一些血迹,他们好像明白了什么,发疯似的进去一看,儿子已不在摇篮里,周围都是血迹,狗从里屋跑出来舔着他们的手,只是它的满嘴和身上都是血迹。突然男主人回过神来,从厨房拿出一把菜刀,抓住狗,将它拖到院子里。狗一声不吭地倒下了。

　　过了一会儿,突然从里屋传来婴儿的哭声,夫妻俩回过神来,赶紧跑进去一看,儿子正好好地躺在床上刚醒,顿时他们就后悔了,一定是冤枉了他们的狗。但那些血是怎么回事呢?他们在家里搜索了一会,终于在外面的大床下发现一条蛇,被咬得七零八落,到处都是血,他们明白了:当狗发现这条蛇对儿子有威胁时,先把儿子叼到里屋,然后独自在外面和蛇展开搏斗,把蛇咬死,保护了儿子。他们不禁抱着儿子跑到狗的尸体旁痛哭失声,痛恨自己为什么不把事情看清楚,可是大错已铸成,他们只好把狗埋了,为它立了块碑,上面写着"义犬之墓"。

好事不出门，坏事传千里

人见白头嗔[1]，我见白头喜。多少少年郎，不到白头死。墙有缝，壁有耳[2]。好事不出门，坏事传千里。贼是小人[3]，知过君子[4]。君子固[5]穷，小人穷斯[6]滥[7]也。

注释

[1] 嗔：怒、生气。

[2] 壁有耳：指隔墙有耳。

[3] 小人：人格卑鄙的人；与"君子"相对。

[4] 君子：指才德出众的人；与"小人"相对。

[5] 固：固守。

[6] 斯：这个。

[7] 滥：过度，这里意为胡作非为。

新读

别人看见自己生了白头发就生气，我见到自己生了白头发却很高兴。

因为世界上有多少人年纪轻轻就死了，他们没有等到头发白就离开了人世。

墙壁都有缝隙，墙壁后面都有耳朵在偷听。

好的事不出屋门，坏的事却能传出千里。

偷东西的贼是卑贱的小人，知道错误能改的是高尚的君子。

高尚的君子能在贫穷中坚持操守，卑贱的小人在贫穷中就会无所不为。

故事

梁上君子

东汉时期，颖川人陈实为人公正刚毅，与人为善。乡邻们遇有什么争执时，都请他给评理，他总是以理服人，以情动人，清楚地说明是非曲直，让当事人心服口服。

后来，陈实做了太丘县令，对待触犯了法律的犯人也很宽厚，主要用道理来教育犯人，使犯人从内心认识到自己的行为是可耻的，从中吸取教训，从而不再去犯罪。

有一年，年成不好，人们生活十分困苦，许多人不得已干些偷鸡摸狗的勾当。一天夜里，有个小偷潜入陈实的卧房，躲在房梁上窥伺，不料被陈实发现了。陈实没有叫人来捉贼，而是穿上衣服起了床，把一家人都叫进来，严肃地训导他们说："君子即使是很贫穷也要固守节操，不去做有违道德和法律的事。人活着每时每刻都要自勉，许多违法的人不一定生下来就是坏人，只是因为沾染了坏习惯，才达到了不知羞耻的地步。房梁上的君子就是沾染了坏习惯才落到今天这种地步的。"

小偷一听，大吃一惊，慌忙从梁上跳下来磕头请罪。陈实语气缓和地开导他说："看你的模样，不像坏人。只要好好改掉自己的恶习，就能重新做个好人。你干这种事大概也是贫穷所迫吧！"说着，他吩咐家人取出一些布匹和几两银子，送给了这位表示悔过的梁上君子。

此事很快就传播开来，许多被生活所迫从事小偷小摸的人都觉得惭愧。从此以后，盗窃的事件在太丘逐渐少了。

人无远虑，必有近忧

富贵多忧[1]，贫穷自在[2]。不以我为德，反以我为仇。宁可直[3]中取，不可曲[4]中求。人无远虑，必有近忧[5]。知我[6]者谓我心忧[7]，不知我者谓我何求[8]。

注释

[1] 富贵多忧：指有钱人怕破财折命的恐惧心理。

[2] 贫穷自在：指穷苦人心无牵挂、自由自在的洒脱心理。

[3] 直：正直，光明正大的方式。

[4] 曲：弯曲，歪门邪道。

[5] 人无远虑，必有近忧：语出《论语·卫灵公》："子曰：人无远虑，必有近忧。"意思是：孔子说，人如果没有长远的谋划，就会有即将到来的忧患。

[6] 知我：了解我。

[7] 心忧：内心忧愁。

[8] 不知我者谓我何求：语出《诗·王风·黍离》："知我者谓我心忧，不知我者谓我何求"，这句诗指的是一种现象有两种不同的理解。

新读

富贵的人有无穷的忧虑，贫穷的人却自由自在。
不因为我的行为而歌颂我德行高尚，反而因为我的行为而咒恨我。
宁可按正当的方式取得少，决不按不当的方式取得多。
人没有长远的考虑，一定有眼前的忧患。
知道我的人说我心中忧伤，不知道我的人说我到底有什么欲望。

故事

十两黄金

从前，有一位老汉，他一生勤勤恳恳，吃苦耐劳，可是他的两个儿子却游手好闲，好吃懒做。

开始，老汉家的日子过得还算富裕，慢慢地，老汉老了，手脚迟缓了，日子越来越艰难。可两个儿子还是不思劳作。

后来老汉在临死前，把两个儿子叫到跟前，对他们说："孩子，我不行了。我为你俩攒了十两黄金，埋在村西咱家老榆树底下那块地里了，找到那十两黄金，你们还能过几天好日子。"

弟兄两个，含着眼泪埋葬了父亲，就开始去找黄金了。

地里荒芜一片，弟兄俩咬紧牙关，一连刨了五天，手上起了一串串血泡，地翻了两三尺深，可是他们连坚硬的田边地角也翻了个遍，也没有看见金子在哪里。

"能埋在什么地方呢？"弟兄俩边刨边犯愁。心里都在埋怨死去的父亲，不该糊糊涂涂地把金子埋在这么一大片地里，找起来这么费劲。

刨着刨着，弟兄俩慢慢泄气了。

哥哥说："弟弟，看来金子是一时难找到了，眼下正是播种季节，倒不如顺便先撒上麦种，等明年再说吧。"

弟弟同意，转眼夏秋季节到了，弟兄俩把麦子收割下来，留下口粮、种子，其余拿到集上去卖，结果不多不少，正好卖了十两黄金。

这时候，他俩想起父亲临死前说的话，才一下子明白过来，从此以后，弟兄俩变成了勤劳能干的庄稼汉。

成事莫说，覆水难收

晴天不肯去，直待雨淋头[1]。成事莫说，覆水难收。是非只为多开口，烦恼皆因强[2]出头。忍得一时之气，免得百日之忧。惧[3]法[4]朝朝[5]乐，欺[6]公[7]日日忧。

注释

[1] 晴天不肯去，直待雨淋头：这句直白的话，却包含了深刻的道理，它犀利地讽刺了那些办事拖拉的人的懒惰脾性。

[2] 强：强求，逞强。

[3] 惧：惧怕。

[4] 法：法律。

[5] 朝朝：天天，每天。

[6] 欺：欺侮。

[7] 公：公德，公众。

新读

晴天的时候不肯出去，到出去的时候赶上大雨淋头。

已经做成的事就不要再去劝说，已经泼出的水是绝对收不回来了。

惹出是非只因为多讲话，遇到烦恼都是因为逞强出头。

忍住一时的气，就能免除百天的忧愁。

知道惧怕法律每天都会过得快乐，损公肥私则会天天忧心。

故事

韩信之死

韩信，秦末淮阴人。他原是楚霸王项羽手下的低级军官，后来投奔汉王刘邦，经丞相萧何的极力推荐，被拜为大将。汉楚相争时，他率领汉军，南征北战，立下无数功劳，和萧何、张良一起，被称为汉初三杰。

刘邦称帝后，韩信被刘邦封为楚王，解除了他的兵权，但他当时仍是实力最强大的诸侯王。不久，刘邦接到密告，说韩信接纳了项羽的旧部钟离昧，准备谋反。于是，他采用谋士陈平的计策，假称自己准备巡游云梦泽，要诸侯前往阵地相会。

韩信知道后，杀了钟离昧来到阵地见刘邦，刘邦将韩信逮捕，押回洛阳，后来，把他贬为淮阴侯。

有一天刘邦把韩信召进宫中，要他评论一下朝中各个将领的才能。最后，刘邦问他："依你看来，像我能带多少人马？"

"陛下能带十万。"韩信回答。刘邦又问："那你呢？"

"对我来说，当然越多越好！"刘邦又说："你带兵多多益善，怎么会被我逮住呢？"

韩信知道自己说错了话，忙掩饰说："陛下虽然带兵不多，但有驾驭将领的能力啊！"

刘邦见韩信还是这么狂妄，心中很不满。后来，刘邦再次出征，刘邦的妻子吕氏终于设计杀害了韩信。

黑发不知勤学早，转眼又是白头翁

人生一世，草长一春①。黑发不知勤学早，转眼又是白头翁。月到十五光明少②，人到中年万事休③。儿孙自有儿孙福，莫为儿孙做马牛。人生不满百，常怀④千岁⑤忧。今朝⑥有酒今朝醉，明日愁来明日忧⑦。

注释

① 人生一世，草长一春：人的一生就像草木一个春天的时间相仿，比喻生命短促。

② 少：这里指月光黯淡。

③ 休：停止。

④ 怀：感怀。

⑤ 千岁：形容时间长久。

⑥ 今朝：今天。

⑦ 忧：担忧，考虑。

新读

人只能活一辈子，草木只能生长一个春天。

头发黑时不知勤奋学习，转眼间就会成了白头翁。

月亮过了十五就会一天比一天暗淡，人到了中年就什么事也办不成了。

儿孙们自会有他们的福分，不要为儿孙操劳甘当马牛。

人的一生不到一百岁，却常常为千年后的事担忧。

今天有酒今天就饮个大醉方休，明天有愁事明天再去考虑吧。

故事

王充惜时读书

王充，字仲任，会稽上虞（今浙江）人，东汉初期具有唯物主义思想和批判精神的杰出思想家。王充出生在浙江上虞一个贫困家庭里，少年时期就失去了父亲，没有钱读书。

他八、九岁的时候，在洛阳的各书铺里，怀里揣着干粮，贪婪地埋头读书。每当读到兴浓的时候，总是目不斜视，细心领会。因为他没有钱，从来只看书不买书，书铺的主人最初很讨厌他，有时甚至赶他走。他总是苦苦请求："让我看完这一本吧！"后来，书铺的主人见他如此热心读书，年纪又小，也就原谅了他。他深知在书铺里读书的珍贵，所以总认真理解，刻苦记忆。

在他20多岁的时候，就由乡里保送到当时的洛阳"太学"学习。王充为了弄清老师所讲的内容，就把讲课时提到的书一一找来阅读。"太学"里的书差不多都读遍了，可是满足不了他的学习需要。到了30多岁的时候，王充已成为知识渊博，又有独立见解的学者。他对于当时盛行的唯心主义的说教深感不满，于是下决心给予批判。他谢绝一切应酬，集中精力，独立思考，着手写书。为了不耽误时间，不打断思路，他在自己住宅的许多地方，如门上、窗上、炉子上、柱子上，甚至厕所里，都安放了笔砚纸张，想一点，写一点，走到哪里，写到哪里，经过二十多年的艰苦奋斗，终于写出了闪耀着辩证唯物主义思想光辉的论著《论衡》。

药能医假病，酒不解真愁

路逢险处须回避[1]，事到头来不自由[2]。药能医假病，酒不解真愁[3]。人贫不语[4]，水平[5]不流。一家养女百家求，一马不行百马忧[6]。

注释

[1] 路逢险处须回避：避，避让，躲避；意思是说行路时，若遇到危险的路段，应该主动避让。

[2] 事到头来不自由：事，偶然遇到的难事、祸事；不幸的事情的发生则不是你能够做主的。

[3] 药能医假病，酒不解真愁：没有病的人，吃了药可以治好；心中的忧愁，借喝酒是难以治愈的。

[4] 不语：不敢随便说话。

[5] 平：满。

[6] 一马不行百马忧：一匹马不能行走了，许多马都会担忧。比喻个人对团队的影响极大。

新读

走路遇到险阻时要适当回避，事情来了就由不得自己了。
药物只能医治假病，饮酒不能消解真愁。
人穷了就不多讲话，水平了就不乱流动。
一家养了女儿百家都想来求婚，一匹马不能行走百匹马都在忧愁。

故事

李白借酒浇愁

唐代诗人李白才华横溢，有远大的政治抱负，但始终得不到朝廷的重用，所以只能长期浪迹江湖，借酒浇愁。

乾元二年（公元759年）春，李白在流放夜郎途中，行至巫山遇赦，急忙返至江夏，在江夏活动一段时间，希望朝廷还能用他，活动毫无结果，幻想又落空，他只好离开江夏来到岳洲。

在这里，李白遇到了他的族叔李晔，李晔此时也由刑部侍郎贬官岭南。两人同游洞庭，李白感慨万端，挥笔写下了"划却君山好，平铺湘水流。巴陵无限酒，醉杀洞庭秋"这首想象奇特，怨气冲天的诗歌。

这首诗里的"划"是铲除的意思。李白要铲除君山，让湘水毫无障碍地一泻千里。他的真实意思实际上是说，要铲除世间的不平，让和自己一样有才华而不得施展的人才有一条平坦的大路可走！

接着，诗人又用醉眼来观察周围景色，好像洞庭湖的水都变成了酒，那君山上的红叶不都是张张醉脸吗？然而这一切都只是李白天才的幻想，君山依然在，世路仍坎坷。即使洞庭湖的水真的都变了酒，也冲不掉李白心中的"万古愁"，正像他在另一首诗中写的那样："抽刀断水水更流，举杯销愁愁更愁。"

深山毕竟藏老虎，大海终须纳细流

有花方酌酒，无月不登楼。三杯通大海，一醉解千愁。深山毕竟藏老虎，大海终须纳[1]细流。惜花[2]须检点[3]，爱月不梳头。大抵[4]选她肌骨好，不搽红粉[5]也风流。

注释

[1] 纳：接收，容纳。

[2] 惜花：爱花。

[3] 检点：注意约束自己的言行。

[4] 大抵：大概。

[5] 红粉：女子化妆用的胭脂水粉。

新读

有鲜花才有饮酒的兴致，没有月亮哪有登楼的雅兴。

饮酒三杯自能通晓高深的道理，醉倒一次无数的忧愁都会消解。

深山里必定藏着猛虎，大海一定要收纳细小的溪流。

爱惜鲜花就要注意自己的行为不要碰它，喜爱月亮则没必要那么谨慎，蓬头垢面也无妨。因为月亮远不可及，不会因为你的态度不同而受到任何影响。

大概是父母生她的肌肤体态好，不用搽脂抹粉也俏丽风流。

故事

楚庄王一鸣惊人

春秋时期，楚国国君楚成王死后，他的孙子楚庄王登上王位。在最初的三年里，他整天不过问国家大事，白天外出打猎，晚上喝酒、听音乐、看跳舞，许多大臣都把他当做昏君。

实际上楚庄王这都是装出来的。因为他刚刚当上国君，在朝中还没形成势力，可宰相的权力又过大，因此他想通过暗中观察，找出大臣中谁有胆略、有才华、可以信任和重用。

可是一晃三年过去了，楚庄王依旧那样碌碌无为。一天，大臣申无畏请求拜见楚庄王。申无畏说："我刚才在城郊散步，听到一个谜语，想到大王您聪明过人，就特地来请教。"

楚庄王说："这倒怪有意思的，你快讲讲。"申无畏说："楚国山上，有只大鸟，身披五彩，可真荣耀。一停三年，不飞不叫，人人不知，是什么鸟。"楚庄王听了，笑着说："这可不是普通的鸟。三年不飞，一飞冲天；三年不鸣，一鸣惊人。你不用急，擦擦眼睛等着看吧。"申无畏听了似乎心领神会地说："大王到底英明。"就告退而出。

从这天以后，有一些大臣陆续到楚庄王那里，谈论治理国政和与群雄争胜的事情。通过推心置腹的交谈，楚庄王渐渐对大臣有了新认识，了解了谁是可以信任重用的人才。于是楚庄王一面改革政治，一面招兵买马，训练军队。后来，他平息了宰相的叛乱，打败了宋国，使楚国称霸于群雄之中。

去时终须去，再三留不住

受恩深处宜①先退，得意浓处②便可休③。莫待是非来入耳，从前恩爱反为仇。留得五湖明月在，不愁无处下金钩④。休别有鱼处，莫恋浅滩头⑤。去时终须去，再三留不住。忍一句，息一怒，饶一着，退一步。

注释

① 宜：应当。
② 浓处：程度深。
③ 休：停止，罢休。
④ 下金钩：钓鱼。
⑤ 休别有鱼处，莫恋浅滩头：请不要离开有鱼的地方而贪恋浅水滩头，浅水滩头是无鱼可钓的。

新读

受到上司的恩宠多了就该引退，事业上十分得意时就该适可而止。
不要等到矛盾是非都传到你的耳朵里，那样会使从前的恩爱都变成怨仇。
只要能留得住五湖上的明月，就不愁没有地方隐居垂钓。
不要轻易离开有鱼可钓的地方，不要贪恋水浅安全的滩头。
该去的东西终究要离去，再三挽留也是留不住的。
忍住少说一句话，压住一次怒气，下棋让人一步，遇争执退一步。

故事

徐庶投曹营

徐庶，出生于汉灵帝建宁年间，少年时代，曾拜师学艺，苦练武功，后来又进入学馆学习治国用兵的本领。汉献帝初平年间，汉室衰微，悍臣专政，中原大地群雄并起，混战连绵。徐庶、石韬为避战乱，举家南迁到荆州地区。在荆州，徐庶结识了客居此地的崔州平、孟公威和诸葛亮、庞统等人。在此期间，中山靖王刘胜的后代刘备中原战败，前来投靠荆州牧刘表，徐庶通过观察，发现刘备胸怀大志，才略过人，并能够善待部属，素有人望。于是就前往新野拜见刘备。

刘备非常器重徐庶的才干和人品，当即把他留在营中并委以重任，让他参与整顿军事，训练士卒。徐庶卓越的军事才能，令刘备大喜过望，盛赞他有王佐之才。

汉献帝建安十三年（公元208年），曹操率大军南征荆州。这时刘表已亡，他的儿子刘琮不战而降。刘备率军民二十多万人南撤。在曹军追及到当阳长坂坡时，刘备寡不敌众，大败而逃，辎重全失。徐庶的母亲也不幸被曹军掳获，并被曹操派人伪造其母书信召其去许都，徐庶得知此讯，痛不欲生，含泪向刘备辞行。

刘备苦苦挽留，但徐庶是出了名的孝子，不忍其母亲受罪，更怕母亲被害，他说："本打算与将军共图王霸大业，不幸老母被掳，请将军允许我辞别，北上侍养老母！"刘备虽然不舍，但也考虑到他们母子分离，不得已只好同他挥泪而别。

送君千里，终有一别

黄河尚[1]有澄清日，岂可[2]人无得运时？得宠[3]思辱[4]，居安思危。念念[5]有如临敌日，心心[6]常似过桥[7]时。英雄行险道，富贵似花枝。人情莫道春光好，只怕秋来有冷时。送君千里，终有一别。

注释

[1] 尚：尚且，还。
[2] 岂可：怎么可能。
[3] 宠：宠爱，偏爱。
[4] 辱：受到侮辱。
[5] 念念：刹那，指极短的时间。
[6] 心心：一心一意。
[7] 过桥：这里指过独木桥。

新读

黄河的水都有澄清的那一天，怎能说一个人永远不会交到好运呢？

得到宠爱的时候要想到可能会有受侮辱的时候，处在平安的境地就要想到可能处于危险的情况。

思想永远应像大敌当前那样慎重，心情永远应像过独木桥那样谨慎。

英雄始终在艰险路上闯荡，富贵如同花在枝上难长久。

人情不会永远像春光那么美好，只怕会遇到秋天寒冷来临。

送人送出千里，终究还要分别。

故事

汪伦踏歌送李白

唐朝时，在安徽省南部青戈江上游桃花潭附近，住着一位好结交名士的隐士，名叫汪伦。他对大诗人李白仰慕已久，他知道李白酷爱饮酒览胜，便写信相邀："先生好游乎？此地千里桃花；先生好饮乎？此地有万家酒店。"于是，李白于天宝十四年秋天欣然前来安徽，游览桃花潭。

李白来到桃花潭后，举目仰望，既没有千里桃花，也没有万家酒店，不禁万分疑惑。汪伦笑着回答说："你来时经过的山叫千里边山，这里的潭水名'桃花潭'，不正是'千里桃花'吗？桃花潭边有一家酒店，主人姓万，不就是'万家酒楼'吗？"李白这才恍然大悟，笑着连连点头。这时，汪伦便倾诉了对李白的仰慕之情，李白听了十分感动。

汪伦留李白在桃花潭一连住了好几天，李白受到汪伦和村里人的热情款待。临走那天，汪伦送给李白良马八匹，并恋恋不舍地唱着山歌，村里人踏地为拍节，为李白送行。李白的船渐渐远去，他回过头来，看见汪伦仍站在岸边，不住地向他挥手。李白诗兴大发，口占了一首绝句《赠汪伦》，诗曰："李白乘舟将欲行，忽闻岸上踏歌声。桃花潭水深千尺，不及汪伦送我情。"

许人一物，千金不移

假缎染就真红色，也被旁人说是非。善事可做，恶事莫为[1]。许人一物，千金不移[3]。龙生龙子，虎生虎儿。龙游浅滩遭虾戏[4]，虎落平原被犬欺。一举首登龙虎榜[5]，十年身到凤凰池[7]。

注释

[1] 为：做。
[2] 许：许诺。
[3] 移：改变。
[4] 戏：戏弄，捉弄。
[5] 龙虎榜：泛指科举考试中公布中举者的榜文。
[7] 凤凰池：魏晋时中书省，掌管一切机要，因接近皇帝，故称"凤凰池"。

新读

假的绸缎即使染成真的红色，也会遭到人们品评非议。
行善的事可以做，作恶的事不能干。
答应送别人一件东西，有人出千金来换也不能变。
龙生的儿子是小龙，虎生的儿子是幼虎。
龙游到浅水滩会遭到小虾戏弄，虎到了平原上会受到小狗欺负。
一旦在科举考试中名登进士榜，十年之后就能在朝廷出任高官。

故事

季札挂剑

季札是春秋时期吴国国君的公子。有一次，季札出使鲁国经过徐国，前去拜会徐君。徐君见到季札，内心感到非常地亲切。徐君默视着季札端庄得体的仪容与着装，突然，被他腰间的一把佩剑吸引住了。

季札的这柄剑铸造得很有气魄，它的构思精审，造型温厚，几颗宝石镶嵌其中，典丽而又不失庄重。徐君虽然喜欢在心里，却不好意思表达出来。季札看在眼里，内心暗暗想道：等我办完事情之后，一定要回来将这把佩剑送给徐君。为了完成出使的使命，季札暂时还无法送他。

怎料世事无常，等到季札出使返回的时候，徐君却已经过世了。季札来到徐君的墓旁，内心有说不出的悲戚与感伤。他望着苍凉的天空，把那把剑挂在了树上，心中默默地祝祷着："您虽然已经走了，我内心那曾有的许诺却常在。希望您的在天之灵，在向着这棵树遥望之时，还会记得我佩着这把剑。"他默默地对着墓碑躬身而拜，然后返身离去。

季札的随从非常疑惑地问他："徐君已经过世了，您将这把剑悬在这里，又有什么用呢？"季札说："虽然他已经不在了，但我的承诺不能变。徐君在世时非常喜欢这把剑，我也在心里承诺要将剑送给他。君子要讲究诚信与道义，不能够因为他的去世，就改变自己的信义，违弃做人的原则！"

十年寒窗无人问，一举成名天下知

十年寒窗[1]无人问，一举成名[2]天下知。酒债寻常行处有，人生七十古来稀。养儿防[3]老，积[4]谷[5]防饥。当家才知盐米贵，养子方知父母恩。常将有日思无日，莫把无时当有时。

注释

[1] 十年寒窗：原指科举时代，读书人为了考取功名，长年埋头窗下苦读的情形。指读书生活的辛苦。

[2] 一举成名：古时指一旦中了科举就扬名天下。

[3] 防：防备。

[4] 积：积蓄。

[5] 谷：谷物，这里泛指粮食。

新读

十年在寒窗下苦读无人理睬，一旦榜上有名天下人就都知道你了。

喝酒欠债的事情到处都有，人活到七十岁古来少有。

养儿子是为了防备自己衰老，积蓄粮食是为了防备饥荒。

主持家政才知道柴米油盐的昂贵，自己有了孩子才能了解父母的恩情。

在过富有的生活的时候，要想到以后可能会过贫穷的日子；不要到了一无所有的时候，再来回想以前的美好生活。在物资丰富时要考虑到缺乏的日子，不要到了缺乏时才后悔。

梁灏八十二岁中状元

梁灏（963～1004）字太素，北宋郓州须城（今东平州城）人，出身宦家。少年丧父。

梁灏勤奋好学，从小就立下长大考取状元的志向。此后，他便博览群书，不断积累和丰富自己的知识，一直到四十岁，他很有信心地参加朝廷的科举考试，不料却名落孙山。

梁灏没有气馁，他很自信，相信自己一定能考中状元。从此他更加勤奋地学习，每次的科举考试他从不放弃，但遗憾的是一次也没有入榜。历经几个朝代，满头银丝的梁灏仍坚持不懈，一如既往地参加考试。

终于，苍天不负有心人，在一次科举考试中，已经八十二岁的梁灏考取了头名状元。

王应麟的《三字经》里把他作为大器晚成的榜样给予宣扬："若梁灏，八十二，对大廷，魁多士。""魁多士"是指在很多读书人中间独占魁首、独占鳌头。这句话的意思是说，梁灏八十二岁这年，在殿试时战胜了其他的对手，被皇帝钦点为头名状元。

官清司吏瘦，神灵庙祝肥

时来风送滕王阁[1]，运去雷轰荐福碑[2]。入门休问荣枯事，且看容颜便得知[3]。官清[4] 书吏[5] 瘦[6]，神灵庙祝[7] 肥[8]。

注释

[1] 滕王阁：唐高祖之子滕王元婴在当洪州刺史时建造的楼阁，在今江西南昌西北。因李元婴在贞观年间曾被封于山东省滕州故为滕王，所以冠名"滕王阁"。

[2] 运去雷轰荐福碑：本句出自马致远杂剧《半夜雷轰荐福碑》，内言一贫书生刚要去临摹荐福碑的碑文，当夜荐福碑却被雷击毁。

[3] 入门休问荣枯事，且看容颜便得知：这句话的意思是，从一个人的容颜就能够看出他过的日子的好坏。

[4] 清：清廉。

[5] 书吏：衙门里执掌文书的小吏。

[6] 瘦：清瘦，这里指无利可图。

[7] 庙祝：庙里管理香火的人。

[8] 肥：肥胖。这里指有利可图。

新读

交好运时风都会送你到滕王阁扬名，没有运气要写碑文碑却被雷轰毁。进入一家门不必问日子过得好坏，只要观察人们的容颜气色就知道了。长官清廉的下级一定清瘦，供奉的神仙灵验看管香火的人一定肥胖。

故事

清廉俭朴的晏婴

春秋战国时期，奴隶主贵族生活腐朽，奢侈之风盛行。齐国丞相晏婴却清廉俭约，深为后人所称道。

晏婴平时只穿粗布衣服，一件狐皮大衣，也只是在出使他国或参加盛典时穿，并且一直穿了三十多年。他每日吃的是粗茶淡饭。一天，他正要吃午饭，齐景公派人来见他，他把自己的饭菜分成两份，请来人共进午餐。景公知道这件事后，立即命人给晏婴送去黄金千两，以供他接待客人的开支。不料晏婴不肯接受，景公命人送了三次，他还是执意不肯收下。

晏婴平时上朝，总是乘坐一辆劣马拉的破旧车子，有时甚至步行。景公觉得他乘坐的车马与他的身份不相称，便多次派人送去新车骏马，却都被他拒绝了。景公很不高兴，责问他为何不收。晏婴说："您让我管理全国的官吏，我深感责任重大。平时，我反对奢侈浪费，要求他们节衣缩食，以减轻百姓的负担。我若乘坐好车好马，百官们便会上行下效，奢侈之风就会流毒四方。假如真的到了那个时候，恐怕就再也无法禁止了。"

晏婴的相府地处闹市，且阴暗狭窄。齐景公提出要为他修造僻静宽敞的新宅院，也被晏婴婉拒。齐景公趁他出使他国之际，为他新建了一处豪华的府第。晏婴回国后，马上从新相府搬回了原来的住处，同时将新相府分配给了原来住在那儿的人。

择其善者而从之，其不善者而改之

息却雷霆之怒[1]，罢却[2]虎狼之威。饶人算知本[3]，输[4]人算知机[5]。路逢侠客须呈剑，不是才人莫献诗。三人行必有我师焉[6]，择其善者而从之，其不善者而改之。

注释

[1] 雷霆之怒：比喻大发脾气，大声斥责。泛指暴怒、盛怒。

[2] 却：去掉。

[3] 本：根本。

[4] 输：忍让。

[5] 机：关键。

[6] 三人行必有我师焉：语出《论语·述而》，意思是，三个人同行，其中必定有我的老师。

新读

做官的人应当平息雷霆般的愤怒，去掉虎狼般的威风。

饶恕别人是处事的根本，忍让别人是处事的关键。

路上遇到侠客应当献上宝剑，不要向没有才学的人诵读诗篇。

三人同行其中一定有可以做我老师的人，对他们的长处要好好学习，对他们的缺点也可借鉴改正。

故事

曹参为相

曹参,字敬伯,汉族,泗水沛(今江苏沛县)人。秦二世元年(前209),跟随刘邦在沛县起兵反秦,身经百战,屡建战功,曾攻下二国和一百二十二个县。刘邦称帝后,对有功之臣,论功行赏,曹参功居第二,赐爵平阳侯。

汉丞相萧何去世后,汉惠帝任命曹参做丞相。曹参继任丞相以后,对于萧何制定的规章制度,没作任何改动,完全照常执行。他的做法令同僚不能理解,就连汉惠帝也非常生气。一天早朝,汉惠帝当着文武百官的面斥责曹参。

曹参脱帽谢罪后说:"请陛下自己考虑一下,陛下的圣明神武比得上高帝吗?"

惠帝说:"我怎敢与先帝相比!"

曹参又问:"陛下看我与萧何,哪一个更加高明?"

惠帝说:"依我看,你似乎不及萧何。"

曹参继续说道:"陛下说得是!高帝与萧何平天下,定法令,一应俱全,明确无误,现在陛下只需垂衣拱手,无为而治,我等一班朝臣守住职位,按部就班,遵循原有法度而不改变,不也就可以了吗?"

惠帝这才明白了曹参的用意,他说:"好!曹参,你做得对!"

少壮不努力，老大徒伤悲

欲昌[1]和顺[2]须为善，要振家声在读书。少壮不努力，老大徒伤悲[3]。人有善愿，天必祐[4]之。莫饮卯时酒，昏昏醉到酉[5]。莫骂酉时妻，一夜受孤凄[6]。

注释

[1] 昌：这里是倡导，使兴旺的意思。

[2] 和顺：和谐，顺利。

[3] 少壮不努力，老大徒伤悲：语出《乐府诗集·长歌行》，意思是年轻力壮的时候不奋发图强，到了一头白发的时候学习，悲伤难过也是徒劳。

[4] 祐：指天、神等的佑助。

[5] 莫饮卯时酒，昏昏醉到酉：中国古时把一天划分为十二个时辰，每个时辰相等于现在的两小时。卯时就是上午5时至7时整，酉时是指下午5时至7时整。这句话的意思是说早晨喝完酒会醉一天。

[6] 莫骂酉时妻，一夜受孤凄：这句话的意思是说傍晚骂妻子，妻子会冷落你一夜。

新读

要提倡和顺的风气，就必须要多做善事；要振兴家庭的声望；关键在于要多读书。

年轻力壮的时候不知努力，等到年老体衰的时候就只能空自伤心。

人如果有善良的愿望，老天也会帮助你。

不要在早晨一起来就饮酒，那样会昏昏沉沉一直到夜晚。

更不要在傍晚要睡觉的时候，无故去辱骂妻子，那样会受到生气的妻子的一夜的冷落。

故事

神童变成普通人

　　金溪平民方仲永，世代以耕田为业。仲永长到五岁时，不曾认识笔墨纸砚。有一天，仲永忽然哭着要这些东西。

　　父亲对此感到诧异，便从邻居家借来给他，仲永立即写了四句诗，并且自己题上自己的名字。

　　他的诗以赡养父母和团结同宗族为内容，传送给全乡的秀才观赏。全乡的秀才都惊奇不止，都认定小仲永是一个神童。

　　从此，无论是谁指定物品让他作诗，他都能立即完成，并且诗的文采和道理都有值得欣赏的地方。

　　同县的人对此感到很诧异，渐渐地，人们便请他的父亲去做客；有的人用钱求仲永的诗作。

　　他的父亲认为这样有利可图，每天拉着仲永四处拜访同县的人，不让他学习。

　　然而，仲永十二三岁时，再让他作诗，其诗已不能与从前的相比了。又过了七年，方仲永已经完全同普通人一样了。

　　北宋杰出的政治家、文学家王安石听说这件事后大发感叹地说：

　　仲永的通达聪慧是先天得到的，他最终成为一个普通人，是因为他后天失去了学习的动力，没有奋发努力的结果。我辈切不可重蹈覆辙，让此类的悲剧重演啊！

一言既出，驷马难追

种麻得麻，种豆得豆[1]。天眼恢恢，疏而不漏[2]。做官莫向前，作客莫在后。好言[3]难得，恶语易施。一言既出，驷马[4]难追。道吾[6]好者是吾贼[7]，道吾恶者是吾师。

注释

[1] 种麻得麻，种豆得豆：指有什么样的原因，就会有什么样的结果。也比喻没有播种就没有收获。

[2] 天眼恢恢，疏而不漏：语出《老子》，原文是"天网恢恢，疏而不失"。意思是天道公平，作恶就要受到惩罚，它看起来似乎很不周密，但最终不会放过一个坏人。比喻作恶的人终究逃脱不了天法的惩处。

[3] 好言：与人有益的话。

[4] 驷马：指四匹马拉的车。

[5] 道：说。

[6] 吾：我。

[7] 贼：敌人。

新读

种下麻籽会收到麻，播下豆种就会收到豆。
天的眼睛像宏大的网，网眼衡疏却不会漏掉一切坏人坏事。
见官长时不要靠前，以免被挑剔，做客人时不要靠后，以免被冷落。
有益的话不容易听到，伤人的话却容易说出。
一句话说出口，四匹马追不回。
讲我好话的人是我的敌人，讲我缺点的人是我的老师。

故事

梁颢言而有信

　　梁颢是宋朝人，他小时父母早逝，便由叔父收养。梁颢自幼喜好读书，可是他叔父的家境贫寒，买不起书。梁颢只好借别人的书，连夜抄出来，然后再仔细钻研。

　　一个冬天的晚上，梁颢又在抄书，他住的屋子不但灯光微弱，而且还冷得出奇。这样他抄了一会儿，就冻得手脚僵硬，眼睛也累得发酸。

　　梁颢的叔父睡了一觉醒来，发现梁颢屋里的灯还亮着，就披衣起床，推门走到梁颢旁边，心疼地让他去睡觉。

　　梁颢说："这可不行，我已经答应人家，明天就要把书还回去。要是今天晚上抄不完，明天还了书，我就没什么可读的了。"

　　叔父笑笑说："傻孩子，他们家里有好多书，不等着用这一本，你跟他们说明情况，晚还一天也没什么要紧的。"

　　小小的梁颢一脸严肃地说："做人要讲信用，我怎么能因为这点小困难就失信呢？我答应明天还，明天就一定要还。"

　　第二天，梁颢按时把书送还了主人，主人惊讶地说："我以为你说两天是指几天的意思呢！没想到你这么快就读完了。"

　　梁颢说："我还没有仔细读，只是连夜把它抄写了一遍。"

　　那人一听，惊得目瞪口呆，说："你真是个诚实守信的好孩子，将来一定会大有作为的，我这里还有很多书，你要借哪一本都可以，什么时候还都行。"

不求金玉重重贵，但愿儿孙个个贤

宁添一斗，莫添一口[1]。螳螂捕蝉，岂知黄雀在后[2]？不求金玉重重贵，但愿儿孙个个贤[3]。一日夫妻，百世姻缘。百世修[4]来同船渡，千世修来共枕眠。

注释

[1] 宁添一斗，莫添一口：斗，古代容量单位，十升等于一斗，十斗等于一石，一石等于120市斤。这句话的意思是宁愿增加一斗粮，也不愿意增添一口人。

[2] 螳螂捕蝉，岂知黄雀在后：语出《庄子·山木》，意思是螳螂正要捉蝉，不知黄雀在它后面正要吃它。比喻目光短浅，只想到算计别人，没想到别人在算计他。

[3] 贤：贤能，有德行。

[4] 修：指美德修炼。

新读

宁愿多添一斗粮，不可多生一口人。

螳螂只顾捕捉眼前的蝉，却不料黄雀正在后面等着吃它呢。

不追求家中金银珠宝件件都贵重，只愿家中的儿孙个个都是贤能。

一日成为夫妻，是百世结成的缘分。

一百代修来的缘分才能同乘一条船，一千代修来的缘分才能做同床共枕的夫妻。

故事

田母拒金

战国时期，田稷任齐国宰相，一次，他的下属官吏送给他100两黄金，他推辞了几番，别人执意要送给他。最后，他碍于情面将它拿回去献给了母亲。

田母见了生气地说："你为相三年，俸禄从没有这么多，难道是掠取民财、收受贿赂得来的？"

田稷低下了头，以实情相告。

田母听了田稷的话，严肃地说："我听说士人严于修己、洁身自爱，不取苟得之物；坦荡磊落，不做诈伪之事。不义之事不存于心，不仁之财不入于家。你肩负着国家的重任，就应处处做出表率。而你却接受下属的贿赂，这是上欺瞒国君，下有负于百姓，实在让我痛心啊！快将金子退回，请朝廷发落吧！"

田稷听了母亲的话，羞愧万分，先将百金如数退还，又到朝廷坦陈过错，请求处理。

齐宣王听后，对田母的道德风范称赞不已，他对群臣说："有贤母必有良臣！相母之贤如此，何愁我齐国吏治不清。我宣布赦免相国无罪。"

齐宣王还诏令天下学习田母廉洁清正、教子有方的高尚品德。

杀人一万，自损三千

　　杀人一万，自损三千[1]。枯木[2]逢春犹再发，人无两度再[3]少年。未晚先投宿，鸡鸣早看天[4]。将相额头堪走马，公侯肚内好撑船[5]。富人思来年，穷人思眼前。世上若要人情好，赊去物件不取钱。击石原有火，不击乃无烟。莫笑他人老，终须还到老。但能依本分，终须无烦恼。

注释

[1] 杀人一万，自损三千：杀死一万个人，你自己也会损失三千个。指伤害别人，自己也会遭受损失。

[2] 枯木：朽木。

[3] 再：再次，两次。

[4] 鸡鸣早看天：古时没有钟表，起床一般都是听鸡叫。

[5] 将相额头堪走马，公侯肚内好撑船：比喻将相公侯的气量大。

新读

　　伤害别人，自己也会受到损失。枯木到了春天会再次发芽，但人老了不可能返童。

　　出门在外，天未黑就应找地方休息；鸡叫后则要看天气是否可以继续出行。

　　将相和公侯等高级官员的额头上能跑马，宰相的肚里可以撑船。

　　富裕的人考虑得长远，贫穷的人常考虑眼前。如果你要想得到好的缘分和人缘，把东西给了别人不要钱。

　　石头碰击就会冒出火星，不去碰击连烟都不会冒。不要笑话别人老，自己总有一天也会老的。只要能本分做人，一生都不会烦恼。

故事

两败俱伤

战国时代，齐国有一个名叫淳于髡的人。他的口才很好，也很会说话。他常常用一些有趣的隐语，来规劝君主，使君王不但不生气，而且乐于接受。

有一次，当他知道齐宣王准备要去攻打魏国时，便去晋见齐宣王。

齐宣王问他有什么事，淳于髡说："大王，您听过韩子卢和东郭逡的故事吗？韩子卢是天底下最棒的猎犬，东郭逡是世界上最有名的狡兔。有一天，韩子卢在追赶东郭逡，一只在前面拼命的逃，一只在后面拼命的追，结果呢！它们两个都跑到精疲力竭，动弹不得，全倒在山脚下死了。这个时候，正好有个农夫经过，便毫不费力地把它们两个一齐带回家煮了吃掉。"

齐宣王一听："这跟我要去攻打魏国有什么关系呀？"

淳于髡说："大王，现在齐国发兵去攻打魏国，一定不是能在短期内就可以打赢的。到头来，双方都弄成民穷财尽，两败俱伤，不但老百姓吃苦，国家的兵力也会大受损伤，万一秦国和楚国趁机来攻打我们，那不是平白送给他们机会一并吞掉齐国和魏国吗？"

齐宣王听了淳于髡的话，觉得很有道理，就停止了攻打魏国的计划。

善有善报，恶有恶报

善有善报，恶有恶报[1]。不是不报，日子不到。人而无信，不知其可也[2]。一人道好，千人传实。三十不豪[3]，四十不富[4]，五十临近寻死路。

注释

[1] 善有善报，恶有恶报：语出佛家著作《璎珞经·有行无行品》，意思是行善和作恶到头来都有报应。做好事终究有好的回报，做坏事终究会有坏的报应。

[2] 人而无信，不知其可也：语出《论语·为政》。信，信用；其，那；可，可以，行。意思是做人却不讲信用，我不知道那怎么可以。

[3] 豪：豪杰，有杰出才能的人。

[4] 富：富贵、富裕。

新读

干好事有好的结果，干坏事有坏的报应。善恶有时候并不是没有报应，只是时间还没到而已。

一个人不讲信用，我不知道那怎么可以。

只要有一个人说好，经过很多人一传，就会变成真的了。

三十岁不能成英豪，四十岁不能成巨富，五十岁就临近死亡线了。

吕玉父子团圆

江南常州无锡县东门外，有个人叫吕玉，吕玉妻王氏生下一个儿子，小名叫喜儿，只有六岁。这天，喜儿跟邻舍家的孩子出去看迎神赛会，可一直到了深夜都没有回来。

吕玉夫妻非常着急，可他们找了几天，都没有找到。吕玉感觉在家里非常郁闷，就告别了王氏，决定出去做做生意，顺便换换心境。

几年后的一天早晨，吕玉来到东留地方，偶然去厕所方便，见坑板上有一个青布包裹。打开看时，竟然全都是银子，大约有200两左右。吕玉等了一天，不见有人来找，第二天他只得起身，到南边有一个叫宿州的地方，住进了客店。吕玉在客店遇到了一个叫陈朝奉的客人，两人就闲聊起来。那个客人说起自己在陈留县上厕所时，丢了200两银子的事。

吕玉一听，知道他就是自己要找的失主，忙取出包裹将200两银子递给陈朝奉。陈朝奉喜出望外，立即说愿意与吕玉均分，但吕玉没有接受。

陈朝奉感激不尽，马上摆设筵席感谢吕玉。席间，两人谈到家里的情况，吕玉说自己有一个儿子几年前走失，现在想领养一个小孩。陈朝奉则说自己几年前买过一个小男孩，情愿过继给吕玉。两人一起来到陈家，陈朝奉叫出那个小孩，吕玉竟发现这个孩子正是自己丢失的儿子喜儿。

陈朝奉说："只因为你有拾金不昧的美德，才会有今天你们父子团圆的喜事啊！"

凡事要好，须问三老

凡事要好，须①问②三老③。若争小可④，便失大道⑤。年年防饥，夜夜防盗。好学者如禾如稻⑥，不学者如蒿如草⑦。一寸光阴一寸金，寸金难买寸光阴⑧。

注释

① 须：须要，必须。

② 问：询问，征求意见。

③ 三老：古时掌管教化的乡官，帮助推行政令，这里指德高望重的老人。

④ 小可：小事情。

⑤ 大道：大道理。

⑥ 如禾如稻：比喻像庄稼一样有用。

⑦ 如蒿如草：比喻像野草一样无用。

⑧ 一寸光阴一寸金，寸金难买寸光阴：一寸光阴和一寸长的黄金一样昂贵，而一寸长的黄金却难以买到一寸光阴。

新读

要想把事情办好，就必须向有学问、有道德的人请教。

在一些小事情上争吵，便会失去大的理智。

每年都要防止饥荒，每天夜里都要防备有盗贼。

爱学习的人像禾苗庄稼一样有用，不学习的人像蒿草一样只能作为柴烧。

一寸光阴如同一寸黄金那样珍贵，一寸黄金难以买到一寸光阴。

故事

齐己求教

唐朝时期,有一个和尚名叫齐己,他非常喜欢写诗。

齐己写诗的态度十分严谨,诗写成后,他总要仔细琢磨、反复推敲,并虚心向别人请教。

有一次,齐己写了一首五言诗,题名为《早梅》:

万木冻欲折,　孤根暖独回。
前村深雪里,　昨夜数枝开。
风递幽香出,　禽窥素艳来。
明年如应律,　先发望春台。

这是一首咏物诗。诗人以清丽的语言、含蓄的笔触,刻画了梅花傲寒的品性,素艳的风韵,并以此寄托自己的意志。其状物清润素雅,抒情含蓄隽永。为了使自己的诗句准确、生动,他就去向他的朋友郑谷请教。

郑谷把诗中的"前村深雪里,昨夜数枝开"这两句反复看了几遍之后说:"'数枝'不足以点明'早'的意思,不如改为'一枝'。"

齐己听了非常佩服,深深地向郑谷表示谢意。

不因渔父引，怎得见波涛

遇饮酒时须饮酒，得①高歌处且高歌。因②风吹火，用力不多。不因渔父引，怎得见波涛③。无求④到处人情好⑤，不饮⑥任⑦他酒价高。

注释

① 得：能。
② 因：凭借。
③ 不因渔父引，怎得见波涛：没有渔夫的指引，怎么能够看见波涛？
④ 求：追求。
⑤ 人情好：好人缘。
⑥ 饮：饮酒。
⑦ 任：任凭，哪怕。

新读

只要有机会喝酒就喝，只要有玩的地方就去玩。
凭借风力吹火，有点力气就行。
没有会水的渔翁帮助，怎么能下水经历风浪。
不到处求人的人，人缘就好；不饮酒随便他把酒价提高。

故事

尹儒学驾车

汉朝有一个叫尹儒的人，很想学驾车的技术，可是拜师学了三年，也没有掌握驾车的技能，他感到非常痛苦。可师傅就是不动声色，不教他真正的要领。于是他只好在平日里仔细观察老师如何教授师兄们，然后一一记录在自己的小本本上，私下里偷偷地练。

有一天，尹儒练得累了便回去睡觉，忽然做了一个梦，梦里老师认真教他怎么快速驾车，如何把握车速等要领。他很激动，十分顺利地就学会了，一觉醒来还在模仿驾车的姿势呢。

第二天，他去拜见老师时，老师看了他一眼，对他说："我并不是舍不得传授我的技术，我是觉得时机还不成熟，怕太早教给你，你接受不了。今天我就要把驾车的技能教给你。"

尹儒后退几步，朝北向老师行礼说："昨晚上我梦见接受了您的教导。"他给老师讲了昨晚做的梦。

老师笑了笑说："你已达到了日有所思，夜有所梦的境界了。你梦中看见的，就是我今天要教给你的内容。"

老师把关键的技能教给尹儒后，尹儒的驾车技能果然有了很大的进步。

强中更有强中手，恶人须用恶人磨

入山不怕伤人虎，只怕人情两面刀[1]。强中更有强中手[2]，恶人须用恶人磨[3]。会使[4]不在[5]家豪富，风流不用着衣多[6]。

注释

[1] 只怕人情两面刀：比喻有些人居心不良，当面一套，背后一套。"两面刀"，也作"两面三刀"。

[2] 强中更有强中手：你强别人比你更强。比喻技艺没有止境，不能自满自大。

[3] 磨：折磨，纠缠。这里引申为对付。

[4] 会使：指善于理财。

[5] 在：在于。

[6] 风流不用着衣多：风流，指一个人的气质；着，穿着、衣着；一个人的气质好坏不在他穿着的好坏和多少。

新读

进山后，不一定怕伤害人的老虎，但在山外，却怕人与那些两面三刀的人打交道，因为这种人比伤害人的老虎更加可怕。

山外有山，人外有人，你强有比你更强的人；以暴易暴，以恶治恶，坏人自然会有坏人来对付。

懂得生活的人，不一定需要家庭非常富裕才能过好，气质潇洒的人，也不一定要穿很多衣服才会出众。

鲁达拳打镇关西

北宋时期,一天下午,渭州经略使帐下提辖官鲁达和他刚刚认的两个朋友李忠、史进三人一起到潘家酒楼喝酒时,忽然听到隔壁阁子里有人在哭泣,鲁达便叫酒店的老板将他们带过来询问原因。

店老板带进来的是,一老一少姓金的父女两人。

鲁达问他们为什么哭泣。

金家老父说,本地有一个名叫郑屠、外号镇关西的人,前不久强占了他的女儿翠莲。现在把翠莲糟蹋完又赶了出来,并强要赎身的钱。镇关西霸占翠莲时没有给过他们一分钱,现在他们无力交出镇关西所要的钱,所以在那里哭泣。

鲁达听了金家父女的血泪控诉,非常气愤,当即赠送银两,为金家父女安排出逃方法。

第二天一早,鲁达赶到金家父女住宿的鲁家客店,亲自保护金家父女逃出虎口。

然后,鲁达又来到状元桥郑屠的肉案前,先借买肉故意刁难郑屠,并挑起打斗,然后三拳打死郑屠,为民除了一害。

当地百姓见鲁达打死郑屠,纷纷叫好,都说像郑屠这样的恶人,就是要有比他厉害的人来对付他。

鲁达打死郑屠后,为避官司,到五台山出家当了和尚,并取法名为鲁智深。

光阴似箭，日月如梭

光阴似箭，日月如梭①。天时不如地利②，地利不如人和③。黄金未为④贵⑤，安乐值钱多⑥。

注释

① 光阴似箭，日月如梭：梭子，一种织布的工具；日月，指时光；这句话的意思是光阴就像射出去的箭一样快，日月就像纺织机上的梭的速度一样迅疾。比喻时间流逝得非常快。

② 天时不如地利：语出《孟子·公孙丑下》。天时，指适合作战的时令、气候；地利，指有利于作战的地形。

③ 地利不如人和：语出《孟子·公孙丑下》。人和：得人心，上下团结。意思是再好的地理条件，也没有人心和睦、团结重要。

④ 未为：并不是。

⑤ 贵：珍贵，贵重。

⑥ 安乐值钱多：这句话的意思是说一个家庭里金玉再贵重，也是短暂的。家庭安乐和睦，才是最贵重的。

新读

光阴快得就像是射出去的箭矢，失去就再也追不回来；日月也犹如织布机上来回移动的梭子，疾如闪电。

时机好不如地理优势，地理优势不如人们团结、和睦；只要人们团结一心，和谐相处，就没有办不成的事。

黄金虽然可贵，但并不是人生最重要的东西，人的一生最不可缺少的是平安的生活和快乐的心境。

故事

刘恕惜时如金

北宋的刘恕志向高远,一生勤奋好学,修养深厚,他每天都合理地安排时间做事,从不浪费一分一秒。刘恕由于把时间全部用于丰富自己的学识和培养自己的修养上,最后终于成为著名的史学家。

刘恕开始学习儒家经书时,非常用功,他为了记忆背诵一些篇目,常常达到废寝忘食的地步。刘恕八岁那年,家里来的客人在谈到孔子的家庭时,说孔子没兄弟,刘恕立刻列举《论语》中"以其兄之子妻之"一句相对,客人听了都非常惊讶。

刘恕十八岁时考上进士,宰相晏殊见他对《春秋》和《礼记》的问题对答如流,请他到国子监试讲经书,晏殊亲自率官员前往听讲。刘恕讲完课,人们都被刘恕深厚的道德涵养和精辟的论理所折服,一时大家纷纷学起经书。

一次,刘恕得知在亳州做官的学者宋次道家中藏书丰富,于是不远数百里跑去借阅。宋次道让这位远道而来的友人住在家里,办了丰盛的酒席款待他,刘恕却说:"您应该知道,我并不是为了享受佳肴美酒才跑到您这儿来的,请您把酒肴都撤走吧!我是慕名来借书求知的。"

宋次道引刘恕进了藏书楼,刘恕每天在这里昼夜口诵手抄,坚持了十多天,直到把自己所需要的书本全部读完、抄完为止。

羊有跪乳之恩，鸦有反哺之义

世上万般皆下品[1]，思量唯有读书高[2]。世间好语书说尽，天下名山僧占多。为善[3]最乐，为恶[4]难逃。羊有跪乳[5]之恩，鸦有反哺[6]之义。

注释

[1] 万般皆下品：语出北宋著名学者汪洙《神童诗》。万般，各种各样；下品：低的等级。

[2] 唯有读书高：高：高贵，高尚。意思是世上的一切工作都没有读书高尚。这是封建时代的世界观，这种观点是不对的，因为工作没有高低贵贱之分，人是生而平等的。

[3] 为善：做好事。

[4] 为恶：做坏事。

[5] 跪乳：小羊吃奶时，前腿下跪。

[6] 反哺：小乌鸦长大后叼食喂母鸦。比喻子女长大奉养父母。

新读

世界上一切都是次要的，只有读书最重要、最高尚。

世界上的好话让各种书籍都说尽了，天下有名的山多数都让僧侣占去了。

做善事使人快乐，做坏事罪责难逃。

幼羊跪着吃奶，小乌鸦会衔食哺母，禽与兽都知报恩，而人更应知父母恩，恪尽孝道。

故事

剡子扮鹿取奶孝双亲

周朝时有一个叫剡子的少年，特别孝敬父母，村里的大人、小孩都很喜欢他。他每天天刚蒙蒙亮就起床，帮助父母担水、做饭、打扫院落。待侍候父母起了床，一家人吃完早饭，他又背着绳索，拎着斧头上山打柴。

常年的劳累使剡子父母的身体越来越弱了，二老的眼睛都快失明了，这下可急坏了剡子。剡子到山里为父母采来各种药材治病，总不见效。

一天，剡子的父亲说："我很小的时候，吃过鹿奶，鹿奶的味道很不错，听说对人的眼睛也有好处。"母亲也补充说："我也听老一辈的人说，鹿奶对人有滋补作用。"

剡子听父母的话，决心为他们弄来鹿奶。他向猎人借了一张鹿皮就进山了。进了林子，他把鹿皮蒙在身上，装成一只小鹿，混进了鹿群。他爬到一头母鹿身边，用手轻轻地往小罐里挤奶。因为动作轻柔，母鹿还以为是一头小鹿在吸奶，便驯服地让剡子挤，剡子终于挤满了一罐奶。

回到家中，剡子高兴地让父亲喝他带回的新鲜鹿奶。父母问他是从哪儿弄来的，剡子把自己装扮成小鹿挤鹿奶的事告诉他们。父母很担忧，劝他以后不要再去了。剡子却没有答应。一天，他在挤奶时差点被猎人误伤，但他毫不畏惧。

猎人们听说他的遭遇后，都非常感动。一时间剡子扮鹿取奶孝双亲的事被传为佳话。

隐恶扬善，执其两端

你急他未急，人闲心不闲。孝顺还生孝顺子，忤逆①还生忤逆儿。不信但看檐②前水，点点滴在旧窝池③。隐恶扬善④，执其两端⑤。

注释

① 忤逆：不孝顺，不顺从，不和睦。

② 檐：屋檐，即房顶伸出的边沿。

③ 窝池：指水滴下后形成的水窝。

④ 隐恶扬善：语出《礼记·中庸》："舜好问而好察迩言，隐恶而扬善。"隐，隐匿；扬，宣扬。意思是不谈人的坏处，光宣扬人的好处。

⑤ 执其两端：语出《论语·尧曰》。意思就是"执两用中"，讲求中庸之道。简单地说，中庸强调的重点不在"中"而在"庸"（即"用"），追求的目的在"用"于民，其手段是"执两端"。"执"就是抓住，抓住两端，用中间的这一块。

新读

你着急他不一定着急，人没事时心却不能闲着。

自己孝顺父母，生下的儿子也一定孝顺长辈；自己忤逆不孝，生下的儿子也不会孝顺。

不信请看屋檐下的水，每一滴都落到旧的坑窝里。

不揭露别人的坏处，宣扬别人的好处，应当掌握住这两个方面。

故事

吴子恬之妻

明朝时期,常州有一个名叫吴子恬的人,长大之后,他娶了一个非常贤惠的妻子孙氏。

子恬的继母唐氏对待子恬苛刻异常,子恬常常忍不下去,孙氏多次好言相劝,不让他冒犯自己的继母。

不久,子恬的父亲去世,继母把私藏的上千两银子,全部给了她的亲生儿子,并将良田也分给她的亲生儿子,只给子恬分了少量的坏田。

子恬对此非常气愤,一定要前去与他的继母弟弟争论,孙氏又过来劝说自己的丈夫。

孙氏和颜悦色地对丈夫说:"不要因分家产而忤逆自己的母亲,这是不道德的行为。分家了,我们虽然很穷,但只要我们勤劳,还是能够生活的,何必与自己的亲人一争长短呢?"

子恬听了妻子的话,强忍了这口恶气。

从此后,他们两口子含辛茹苦,努力耕耘,不出十年,家财大发,而他的弟弟由于好赌,田产家财变卖一空,以致到了无法度日的境地。这时,孙氏又劝丈夫把继母与弟弟接到家里来共同生活。

后来,子恬一家和睦相处。孙氏因有贤德,所生三子皆学业成功,金榜题名。

既坠釜甑，反顾无益

妻贤①夫祸少，子孝②父心宽③。既坠釜甑，反顾无益④。翻覆之水，收之实难。人生知足⑤何时足，人老偷闲⑥且是闲。但有绿杨堪系马，处处有路通长安。

注释

① 贤：贤良淑德。

② 子孝：儿子孝顺。

③ 宽：放心，保持心情舒畅。

④ 既坠釜甑，反顾无益：既，已经；釜甑，都是古代炊煮器名；反顾，回头看；益，增加、益处。这句话的意思是说：釜甑已经掉地上打碎了，再回头看也于事无补。

⑤ 足：知足，满足。

⑥ 偷闲：忙中抽出空闲时间。

新读

妻子贤惠丈夫就少遭祸患，儿子孝顺父亲就心情舒畅。

事情到了无法挽回的地步，反悔也没有用处了。

水已经洒了，怎么可能再收起来呢？

人一辈子也不会知足，老了能挤点时间就挤点时间清闲一下。

哪里都有拴马的树，条条路都可以通向长安城。

项羽乌江自刎

秦末，在楚汉争霸的战场上，由于项羽在"鸿门宴"上坐失良机，致使刘邦的羽翼日益丰满，最终导致了他乌江自刎的惨剧。

公元前202年岁末，汉王刘邦和韩信、英布、彭越等几路大军会师追击项羽，韩信布下十面埋伏阵法，把项羽围困在垓下。

项羽此时已是兵困马乏，粮食也快吃完了。他与部下商议后，决定冲出包围圈，重找生路。

当夜，项羽跨上乌骓马，带了800个子弟兵冲过汉营，马不停蹄地往前跑去。一路上，随从的兵士死的死，伤的伤。到了东城，再点了点人数，只有28个骑兵还跟着他。

但是，汉军的几千名追兵却密密麻麻地围了上来。项羽带着人杀出汉兵的包围，一直往南跑去，到了乌江。恰巧乌江的亭长有一条小船停在岸边。

亭长劝项羽马上渡江，项羽苦笑了一下说："我在会稽郡起兵后，带了8000多子弟渡江。到今天他们没有一个能回去，只有我一个人回到江东。即使江东父老同情我，立我为王，我还有什么脸再见他们呢？"

说完，返身冲入军中。楚霸王一人杀死了汉军几百人后，自己也受伤多处。最后，他将宝剑往颈中一挥，一代雄主就此消亡，死时年仅三十一岁。

见者易，学者难

见[1]者易[2]，学[3]者难[4]。莫将容易得，便作等闲[5]看。用心计较般般错，退步思量事事宽[6]。道路各别[7]，养家一般[8]。

注释

[1] 见：眼见，看着。
[2] 易：容易。
[3] 学：学习，学会。
[4] 难：困难，艰难。
[5] 等闲：随随便便，轻易。
[6] 退步思量事事宽：古人有"退一步海阔天空，忍一时风平浪静"的说法，在非原则的问题上或在自己应得的物质利益上，如果能以宽容之心对待他人之过，就能得到化干戈为玉帛的喜悦。
[7] 别：差别，不同。
[8] 一般：一样。

新读

看着觉得容易，学起来就觉得难了。

不要把容易得来的东西，看成平常的事，里面蕴藏着心血与汗水。

只要用心想一想，就可以发现，世界上的事情错综复杂，没有不难的事。

可是你若是处处斤斤计较，反而会步步走错；但如果你能万事都退一步，则会感觉海阔天空，事事如意。因此，我们遇事一定要小心应付，谨慎思考。

每一个人走的道路也许各有不同，但大家维持生活的方法都是一样的。

故事

赵括纸上谈兵

战国时期，赵国有一个将军名叫赵括，他在很小的时候就习读兵书，但喜欢夸夸其谈。有时，就连他的父亲、赵国的大将赵奢都很难驳倒他。但赵奢坚持认为赵括并无真才实学。

公元前260年，秦国发兵侵略赵国，赵国的新君赵孝成王派老将廉颇迎战。廉颇一看秦军太强大了，就在长平固守，一守就是三年。

秦军远道而来，本想速战速决。现在，廉颇坚守不出，一时无法取胜，就派人到赵国去散布谣言，说廉颇老了，胆也小了。如果派赵括担任主将，秦军必败。

赵国的国王果然中了计，立即起用赵括做主将。

赵括到了长平后，接过了帅印，立即改变了廉颇的兵力部署，一切按兵书上写的去做。这时，秦国也换了主帅，任命白起为上将军。白起这个人物可不一般，他曾带领秦军转战韩国、魏国、楚国，屡战屡胜。

不讲实际的赵括，此时却改坚守为速战，主动出城与白起硬拼，白起对脱离有利阵地的赵军予以分割包围。

四十多天后，赵军粮尽援绝，军心涣散。赵括率领一支精兵突围，还没冲出多远，就被秦兵乱箭射死，这主将一死，群龙无首。赵国40万大军随后全部投降了秦军，白起一看这么多的俘虏，怕看押不住，就把赵国的40万将士全部都活埋了。

长平之战，由于赵括只会"纸上谈兵"，而不从实际出发，最终导致了赵军惨败。

从俭入奢易，从奢反俭难

从俭[1]入奢[2]易，从奢反俭难。知音[3]说与知音听，不是知音莫[4]与弹[5]。

注释

[1] 俭：俭朴，节俭。

[2] 奢：奢侈，铺张浪费。

[3] 知音：领悟音乐。后泛指知己，第一个"知音"指知心的话。第二、三个"知音"指知己的人。

[4] 莫：不要。

[5] 弹：原意是弹琴，这里通"谈"，即交谈、交流。

新读

从勤俭到奢侈与享受是很容易的，但要从奢侈、享受再到艰苦，那就很难了。

彼此了解的人容易交流，话不投机，就没有必要在一起空谈。

故事

杨震教学养家

　　杨震是东汉时期的一位忠厚老实的读书人。父亲杨宝因刻苦攻读欧阳生所传授讲解的《今文尚书》，而成为当时名儒。哀、平二帝时，杨宝隐居民间，以教书为生。居摄二年即公元7年，杨宝与龚胜、龚舍、蒋翊一起被朝廷征召，他因不愿出仕做官，便逃避隐匿、不知去向。

　　东汉光武帝刘秀很敬重杨宝才华、学识、品德和气节，建武中特派官家车辆征召他入朝做官，他因年老有病，未能成行，而老死家中。

　　杨震从少年时代起就特别聪明好学。为了提高自己的知识水平，他拜当时既显赫又有很高学术威望的经学大师桓郁为师。在桓郁的教授下，杨震通晓经传，博览群书，对各种学问无不深钻细研。

　　二十岁时，杨震对于地方州郡长官征召他出仕做官的召请任命置之不理，一心一意自费设塾授徒，开始了他长达三十年的教育生涯。

　　杨震在当教书先生时，由于他很有学问，对学生又很和蔼，因此，家长和学生都很敬重他。杨震为了养家糊口，课余时间还要在田里干活，收拾种的粮食和蔬菜。学生们看到老师上了一天课以后，还要干这么重的农活，就悄悄地来帮老师干点儿活。

　　杨震发现后，马上制止他们，并一再强调读书是学生的本分。他教过的学生一批又一批，不管哪个学生来看老师，他都从不收礼。

　　杨震就是这样不管从人力上，还是物资上，都不给人家添麻烦。他总觉得，自己是先生，要为人师表，一言一行，都应是学生的榜样，所以，对自己要求十分严格。

信了肚，卖了屋

点石化为金[1]，人心犹未足[2]。他人观花，不涉你目[3]。他人碌碌，不涉你足[4]。信了肚[5]，卖了屋。谁人不爱子孙贤，谁人不爱千钟粟。

注释

[1] 点石化为金：把石头变成金子。传说晋朝的旌阳县曾有过一个道术高深的县令叫许逊，有一次，由于年成不好，农民缴不起赋税。许逊便叫大家把石头挑来，然后施展法术，用手指一点，使石头都变成了金子。这些金子补足了百姓们拖欠的赋税。

[2] 未足：不满足。

[3] 他人观花，不涉你目：别人在花园观赏花木的时候，不会涉及的你的眼睛。

[4] 他人碌碌，不涉你足：别人如何忙碌，用不到你的双脚。

[5] 信了肚：满足了肚子的需求。指大吃大喝。

新读

即使有了点石为金的法术，人的贪心仍然不会满足。
别人观赏花景，与你眼睛没有关系；
他人忙忙碌碌，与你脚也没有联系。
满足了肚子的需求，却把房子卖了，卖了就没办法了。
哪个不喜欢儿孙贤能，谁不喜爱家藏万贯。

财主喝茶败家

某一财主非常富有,此人无不良嗜好,唯一的爱好就是喜欢喝茶。所以,他对懂茶之人格外敬重。

一天,他的家人来报,门外有一乞丐前来品茶。他听说了后,立即让家人将乞丐请进来,与乞丐在茶亭品茶。

乞丐喝了财主家的第一口茶后,品了一品说:"茶好,但水不行,应换山泉。"

财主听了认为有理,急忙让下人们去办。下人们急急忙忙挑来山泉之水,乞丐再品茶,这次他说:"水可以了,但你用的这种柴火不行,应该取阴坡之柴。"

财主马上又照办了。乞丐这次喝了后说:"这次茶好,水好,柴好,但壶不行。"

财主忙问:"哪有好茶壶啊?"

乞丐从怀中掏出一个布包,原来是一把古香古色的茶壶。

财主用乞丐之壶,阴坡之柴,山泉之水,重新烧水沏茶,喝后,只觉如梦如醉,妙似仙界。此时,财主对乞丐已佩服得五体投地,他对乞丐说,他愿用所有家产来换他的这把茶壶。

乞丐笑着说:"呵呵,我之所以成为乞丐,就是当年和你一样用所有家产换了这茶壶。喝茶败家啊!"

但行好事，莫问前程

莫把真心空计较[1]，儿孙自有儿孙福[2]。天下无不是[3]的父母，世上最难得者兄弟。与人不和[4]，劝人养鹅；与人不睦[5]，劝人架屋[6]。但[7]行[8]好事，莫[9]问前程[10]。

> **注释**

[1] 空计较：枉费心机。

[2] 福：福气，福分。

[3] 不是：不好，错误。

[4] 和：和好，和谐。

[5] 睦：和睦。

[6] 架屋：建房。

[7] 但：只管。

[8] 行：做。

[9] 莫：不要。

[10] 前程：前途，结果。

> **新读**

不要计较和操劳，儿孙自有儿孙福气。

天下没有不对的父母，因为父母做的一切都是为了小孩好。

世上最难得的是兄弟，因为一母同胞的兄弟不是人人都有的。

劝人养鹅、修建房屋，看似好心，实则别有用心。

只管多行善事，多做好事，个人前途、富贵不必刻意追求。

渔夫船桨退兵

春秋时吴国大将伍子胥去攻打郑国。郑国大乱，郑定公想用丰厚的奖赏来招募勇士抗击。但三天过后，竟无人来应征。到了第四天早上，有个打鱼的小伙子来见郑定公，说他有方法使伍子胥退兵。

郑定公问他要多少兵车。他说，不用兵车，也不用粮草，光凭我这支划船的桨，就能让吴国退兵。

郑定公决定让他去试试。那个打鱼的人胳肢窝里夹着一根桨，到吴国兵营里去见伍子胥。

吴军将摆渡人捉住，作为奸细押至中军大帐。

摆渡人毫无惧色，高声唱道，"芦中人，芦中人，腰间宝剑七星文，不记渡江时，麦饭鲍鱼羹？"

伍子胥见了问他是谁，打鱼的人说："我父亲全靠这根桨过日子，他当初也是靠这根桨救了你的命。"

伍子胥这时才想起当年自己芦花渡口逃难的情形，十分感激那个打鱼的老大爷救命之恩。

打鱼人又说："我们国君下了命令：'谁能够请将军退兵，就有重赏。'不知将军肯不肯看在我死去父亲的情面上，饶了郑国，也让我能得些奖赏。"

伍子胥说："我非常感谢你父亲的大恩，我有今天全是你父亲的恩德，我怎么会不感恩图报呢？"说完就下令退兵了。

河狭水急，人急计生

河狭①水激②，人急计生③。明知山有虎，莫向虎山行④。路不铲⑤不平，事不为⑥不成。人不劝⑦不善，钟不敲不鸣⑧。

注释

① 狭：狭窄。

② 激：湍急。

③ 人急计生：语出《东周列国志》，意思是人在紧急时，突然想出了克服危难的办法。

④ 明知山有虎，莫向虎山行：已经知道山上有虎，就不要到那座山上去，以免送了性命。此句劝诫人们不要逞能，要珍惜自己的生命。

⑤ 铲：铲修，修路。

⑥ 为：做。

⑦ 劝：劝导。

⑧ 钟不敲不鸣：钟是没有生命的物体，如果没有外力，它是不会有所作为的。此句劝诫人要有自知之明，不要认为自己什么都能干。

新读

河道狭窄水流自然急，关键时刻人则会急中生智、想出办法。已经知道山上有老虎，就不要再去送死了。

路再短，你不走就不可能到达目的地，事再容易，你不去做就不可能办成。

人只有在不断地听取他人的劝说，才会不断地完善自己，就和钟不敲就不可能自己响是一样的道理。

故事

武松景阳冈打虎

武松是宋代山东东平府清河县人，他因避祸离家两年，心中非常挂念胞兄。这次他特地回家探望兄长。路过景阳冈时，因心中高兴喝了很多酒。吃完饭结完账，他踉跄着向冈上走去。

行不多时，只见一棵树上写着："近因景阳冈大虫伤人，但有过冈客商，应结伙成队过冈，请勿自误。"

武松认为，这是酒家写来吓人的，为的是让过客住他的店，竟不理会，继续往前走。太阳快落山时，武松来到一破庙前，见庙门贴了一张官府告示，武松读后，方知山上真有虎，待要回去住店，又怕店家笑话，就继续向前走。

武松走了一段，由于酒力发作，便找了一块大青石仰身躺下。他刚要入睡，忽然听到一阵狂风呼啸，他睁眼一看，只见一只斑斓猛虎朝他扑了过来。

武松一惊，全身的酒劲全都变成了冷汗。他急忙一闪身，躲在老虎背后。老虎急了，大吼一声，用尾巴向武松打来，武松又急忙跳开，老虎兽性大发，又向武松扑过来，武松顺势骑在虎背上，左手揪住老虎头上的皮，右手猛击虎头，没多久就把老虎打得眼、嘴、鼻、耳到处流血，趴在地上不能动弹。

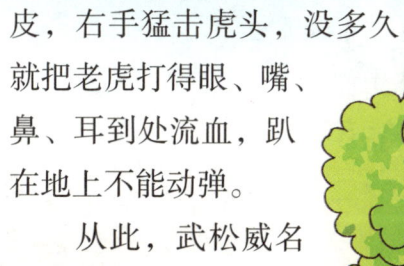

从此，武松威名大震。

万事劝人休瞒昧，举头三尺有神明

无钱方断酒，临老始看经[1]。点塔七层，不如暗处一灯[2]。堂上二老[3]是活佛，何用灵山[4]朝世尊[5]。万事劝人休瞒昧[6]，举头三尺有神明[7]。但存方寸土[8]，留与子孙耕。

注释

[1] 无钱方断酒，临老始看经：没有钱了才知道戒酒，到年龄大了才去读经书。比喻一切都晚了。

[2] 点塔七层，不如暗处一灯：指平时做再多的好事，也不如危难时为人做一件好事。

[3] 二老：指父母双亲。

[4] 灵山：传说佛祖居住的地方。

[5] 世尊：即佛祖，教徒对于释迦牟尼的尊称。

[6] 瞒昧：欺瞒，隐瞒。

[7] 神明：神灵，神的总称。

[8] 方寸土：指一片善良的心。

新读

有些人觉悟太晚，没有钱了才不喝酒，到老年了才读佛经。在七层高塔上点灯，不如在暗处点一盏灯对人更有益。家里的父母二位老人就是活佛，何必到灵山去朝拜佛祖呢！许多事实告诉人们不要背着人做昧良心的事，天上的神灵对这一切都是一清二楚的。

只存下一片善良的心，留给子孙去继承吧。

故事

林冲杀仇人

林冲是北宋京都汴梁八十万禁军枪棒教头。他武艺高强，为人忠厚正直、安分守己。

一天，林冲带着妻子去岳庙进香。途中，看到花和尚鲁智深在耍一把60多斤重的浑铁禅杖。林冲也被吸引过去观看。鲁智深与林冲一见如故，结义为兄弟。

正在这时，林冲妻子被奸臣高俅的义子高衙内调戏。

林冲赶到，他们才放手。高衙内仍不死心，还想霸占林娘子。

于是，他与高太尉一起设计，将林冲诬陷入狱。高俅一伙将林冲发配沧州充军，同时买通差人，谋划在路经野猪林时将他杀害。

鲁智深暗中保护林冲，使高俅的阴谋未能得逞。到沧州后，林冲被分配看管草料场。高俅父子又派心腹前往沧州，火烧草料场，企图再次杀害林冲。

当草料场起火燃烧时，林冲听到高俅的心腹们在得意地谈论暗害自己的计谋，以及回去后如何领赏等事情。

这时，林冲再也按捺不住心头的怒火，他一跃而起，把仇人全部杀掉，然而，毅然上了梁山，加入了梁山泊行侠仗义、劫富济贫的队伍。

惺惺常不足，懵懵作公卿

灭却心头火[1]，剔[2]起佛前灯[3]。惺惺[4]常不足，懵懵[5]作公卿[6]。众星朗朗[7]，不如孤月独明。兄弟相害[8]，不如友生[9]。

注释

[1] 心头火：心里的欲望之火。

[2] 剔：挑，点。

[3] 佛前灯：指佛殿里佛像前点的长明灯。

[4] 惺惺：语出《西厢记》："惺惺自古惜惺惺。"这里指聪明机警、智慧超群的人。

[5] 懵懵：糊涂的人。

[6] 公卿：糊涂的人。

[7] 朗朗：形容明亮。

[8] 相害：相互残害。

[9] 友生：朋友。

新读

灭掉心头的欲火，点亮佛前的明灯。

绝顶聪明的人常常得不到施展才能的机会，昏庸愚蠢之辈却能做朝廷高官。

再多的星星，也不如一个月亮明亮。

兄弟相互残害，不如朋友互相帮助。

故事

白痴皇帝司马衷

晋惠帝司马衷，字正度，晋武帝司马炎第二子，西晋的第二代皇帝。司马衷于267年被立为皇太子，290年即位。他为人痴呆不任事，初由太傅杨骏辅政，后皇后贾南风杀害杨骏，掌握大权。司马衷究竟痴呆到什么程度？有两则关于他痴呆的笑话。

有一次，司马衷带了一群太监在御花园里玩。那是初夏季节，池塘边的草丛间，响起了一片蛤蟆的叫声，司马衷呆头呆脑地问身边的太监："这些小东西是为官家叫，还是为私人叫呢？"

太监们面面相觑，不知道问这话是什么意思。有个头脑反应快的太监一本正经地说："在官家地里叫的为官家，在私人地里叫的为私人。"司马衷似懂非懂地点了点头。

有一年，各地闹饥荒，地方官员把灾情上报给朝廷，说灾区的百姓饿死了好多人。

司马衷问大臣："好端端的人怎么会饿死？"大臣回奏说："闹饥荒，老百姓没粮食吃。"

晋惠帝却说："没有饭吃，他们为什么不吃肉粥呢？"报告的人听了，哭笑不得，灾民们连饭都吃不上，哪里来肉粥呢？由此可见，晋惠帝是如何的愚蠢糊涂。

合理可作，小利莫争

合理①可作，小利②莫争。牡丹花好空③入目④，枣花虽小结实成⑤。欺老莫欺小⑥，欺少心不明⑦。随分⑧耕锄收地利⑨，他时⑩饱暖谢苍天。

注释

① 合理：合乎情理。
② 小利：微薄的利益。
③ 空：空洞，不实际。
④ 入目：观赏，观看。
⑤ 结实成：结成果实。
⑥ 欺老莫欺小：不要欺负少年人，因为他们来日方长，将来有一天可能权势居于你之上，报你当年欺他之仇。
⑦ 欺少心不明：欺负小孩的人，实际上是不明事理的人。
⑧ 随分：根据时节。
⑨ 地利：庄稼粮食。
⑩ 他时：收获的时候。

新读

只要符合礼义的事就去做，不要只顾争小利而害大局。

牡丹花再好，也只不过是让人观赏罢了；枣花虽不起眼，却能结出实实在在的果实。

既不要欺负老人也不要欺负小孩，欺负人的人心里是不干净的。

按季节种植庄稼，得阳光雨露的滋养，丰收不忘耕耘者，不忘苍天雨露情。

故事

许武礼让兄弟

西汉时期，在会稽郡阳羡县，有许武、许晏、许普兄弟三人，他们由于父母早亡，只好由年仅十五岁的大哥许武担起了生活的重担。

多年来，许武白天在田里耕作，晚上教两个弟弟读书，"教以礼让之节，成人之道"。弟弟有错，许武总是先跪在父母的灵位前检讨自己，直到弟弟也"号泣请罪"，承认自己错了，方才为止，从"不以疾言倨色相加"。许武正人先正己，教育弟弟有方，使弟弟改正错误心悦诚服。为了不致两个弟弟分心，本来到了娶媳妇年龄的许武，仍旧坚持不娶，依然如前，和两个弟弟同吃同住。

许武的美名传到朝廷，朝廷征许武为议郎。

许武官当得挺不错，这时他已经三十岁了，还没成家。

他想到，两个弟弟一直在家苦耕苦读，应该让两个弟弟出来做官。

因此，他向皇帝请假，皇帝准假，并送他黄金20两，作为他的婚礼之费。于是，许武衣锦还乡。

此时，许武发现自己的两个弟弟已经学业有成，他心中暗喜。

同时，许家在两个弟弟的辛勤劳动之下，已经积攒了偌大的家业。许武为两弟弟娶了媳妇，并帮他们谋到了官职，才开始考虑自己的婚事。

贤妇令夫贵，恶妇令夫败

得①忍且②忍，得耐且耐③。不忍不耐，小事成大。相论逞④英雄，家计⑤渐渐⑥消。贤妇⑦令⑧夫贵，恶妇⑨令夫败。

注释

① 得：能，能够。
② 且：就。
③ 得耐且耐：能够忍耐就一定要忍耐。
④ 逞：炫耀，显示。
⑤ 家计：家产，钱财。
⑥ 渐渐：表示程度或数量的逐步增减。
⑦ 贤妇：贤良淑德的妻子。
⑧ 令：能够，让。
⑨ 恶妇：缺乏道德修养的妻子。

新读

忍字心头一把刀，忍是一种大境界，遇事能忍，才能化险为夷；遇事能让，才能事事平安。

遇事不冷静不忍耐，小事会变成大事，大事会酿成灾祸。

家庭成员之间争强好胜，虚荣自私，家庭就会慢慢衰败，好日子会渐行渐远，家庭成员也会彼此生分。

贤惠的妻子会让丈夫有自信、有地位，能够帮助丈夫事业成功；撒泼的恶妇会让丈夫自卑、堕落，会导致丈夫一事无成。

故事

归有光的妻子

归有光，明代著名散文家。他的散文意境高远，语言优美，有"明文第一"之称。他能取得这些成就，与他的妻子王氏的悉心相助是分不开的。

王氏嫁给归有光时，归有光三十岁，王氏十八岁。归有光大部分心思都放在读书写文章上，对于家庭财务不甚关心。

王氏为了让丈夫安心读书写作，从不把家庭经济情况告诉他，只是督促僮仆开荒种地，补贴家用。

对于家庭的大事小事，祭祀、款待宾客、馈赠亲友礼物等，王氏没有一样会遗漏掉。

四十五岁时，归有光赴京参加会试。落第归来，王氏准备了好酒好菜慰劳丈夫。

归有光问："我没有考好，你难道不感到遗憾吗？"

王氏答道："没什么遗憾的。现在，我们就能效仿东汉人庞公夫妻，隐居乡间，半耕半读了，有什么不好呢？"

归有光的一生充满了坎坷。没有这位王氏妻子的照顾、理解，他是不可能最后实现自己的人生理想的。

人老心未老，人穷志莫穷

一人有庆①，兆民②咸③赖④。人老心未老⑤，人穷志⑥莫穷⑦。人无千日好，花无百日红⑧。

注释

① 庆：指喜庆或值得庆贺的事。

② 兆民：指众多的人。

③ 咸：都。

④ 赖：依赖，沾光。

⑤ 人老心未老：人老是一种自然现象，每个人都不可避免地会老去，但人老了，心不能老。这里的心指的是一种精神面貌，就是说，人应该保持一种永远年轻的心态。

⑥ 志：志气。

⑦ 穷：第一个"穷"为穷困。第二个"穷"是短的意思。

⑧ 红：花开放的颜色，这里指盛开。

新读

一个人成功了，大家都会感到有了依靠。

人虽然老了，但他的心不能老，一个人的生活可能会暂时贫穷，但他的志气不能穷，这样才会有出头之日。

每个人的生活都不可能一帆风顺，总会遇到一些坎坎坷坷，就如同花儿也不可能会长久地保持鲜艳的色彩，季节一到也会枯萎一样。

马援老当益壮

西汉末年，扶风郡中有一个壮士名叫马援，他不仅知书识礼，而且精通武艺，他哥哥死的时候，马援持服行丧，侍奉寡嫂，恭敬尽礼非常周到。后来他做扶风郡督县官，奉命押送一批囚犯，一路上他看到囚犯们痛苦不堪的表情，不觉动了恻隐之心，把那批囚犯都放了，自己则逃亡到北方去。马援在北方放牧，因为很有本事，养了几千头牲畜，马援常说："大丈夫为志，穷当益坚，老当益壮。"

他把赚来的钱全都分给亲友，自己只穿破羊皮裤。

王莽末年，马援在东汉做大将，被派去屯田，立下了很多的功劳。恰遇到南方交趾有女王聚兵造反，攻打边疆州郡，马援请命带兵出征，光武帝于是封他为伏波将军。马援带了水路各军，浩浩荡荡地出发了，在沿海进攻交趾。交趾军打不过他们，一败涂地。汉军乘胜直击交趾巢穴，女王退到一个山洞里，被汉军捉住杀了，马援平定了交趾。

后来洞庭湖一带又发生了五溪蛮人作乱的情况，马援知道了，就向光武帝上禀，表示愿意自请带兵出征。光武帝说："你年纪太老了吧！"

马援道："我虽然六十多岁了，却还能披甲上马，不能算老。"

马援穿好甲胄一跃登鞍，非常自豪，觉得自己还可以为国效劳，光武帝称赞他道："这个老人家，真是老当益壮啊！"

就这样，光武帝又派这位老将军率领汉军为国立功去了。

乍富不知新受用，乍贫难改旧家风

杀人可恕[1]，情理难容[2]。乍[3]富不知新受用[4]，乍贫难改旧家风[5]。座上客常满[6]，樽中酒不空[7]。

注释

[1] 杀人可恕：恕，宽恕，饶恕。有的人因为一些不得已的原因杀了人，这样的人可以原谅。

[2] 情理难容：理，公理、法理；容，宽容，原谅。但是法理、公理不能允许。如果人人都为了自己的理由去杀人，那么，我们这个世界不是乱套了吗？

[3] 乍：突然。

[4] 受用：享用。

[5] 乍贫难改旧家风：突然变贫困了，但是，却仍然不能改变富裕时的家庭习惯。

[6] 座上客常满：家里天天客人都爆满。

[7] 樽中酒不空：樽，酒杯。酒杯里的酒总没有看见空过。

新读

即使有难言的原因不得已而杀害了人，大家可以宽恕你，但是法理不容，法不容情。

一下子富起来，不知该如何享用；而突然贫困下去，却很难改变原有的享受习惯。

家道富足的人，家里常常会高朋满座，餐餐酒杯里都会斟满美酒。

故事

苏轼分钱

唐宋八大家之一的苏轼二十一岁中进士，前后共做了四十年的官，做官期间他总是注意节俭，常常精打细算过日子。

1079年，苏轼在湖州任职期间，因牵涉"乌台诗案"，被捕入狱，坐牢103天后，被降职贬官到黄州，即今湖北黄冈市做团练副使。

在黄州，由于薪俸减少了许多，他穷得过不了日子，后来在朋友的帮助下，弄到一块地，便自己耕种起来。"东坡居士"的别号便是他在这时起的。

为了不乱花一文钱，他还实行计划开支：先把所有的钱计算出来，然后平均分成12份，每月用一份；每份中又平均分成30小份，每天只用一小份。

苏轼把钱全部分好后，按份挂在房梁上，每天清晨取下一包，作为全天的生活开支。拿到一小份钱后，他还要仔细权衡，能不买的东西坚决不买，只准剩余，不准超支。积攒下来的钱，苏轼把它们存在一个竹筒里，以备意外之需。

黄州城外是著名的赤壁古战场，苏轼就是在这种困顿的情况下，写出了《前赤壁赋》、《后赤壁赋》、《记承天寺夜游》和《念奴娇·赤壁怀古》等千古名作的。

屋漏更遭连夜雨，行船又遇打头风

屋漏更遭连夜雨①，行船又遇打头风②。笋因落箨方成竹③，鱼为奔波始化龙④。记得少年骑竹马⑤，看看又是白头翁⑥。

注释

① 屋漏更遭连夜雨：更，恰巧，又；连夜，一夜又一夜。意思是说，屋子漏的时候遇到连续降雨。

② 行船又遇打头风：打头风，逆风。逆水行舟又遭遇强风袭扰，指接二连三遭遇不幸的事。

③ 笋因落箨方成竹：箨，指竹笋外面一层一层的皮。竹子是因为笋子脱了一层层皮才成熟的。

④ 鱼为奔波始化龙：为，因为，由于。鱼要想变成龙，需要不停地奔波才能跃进龙门。

⑤ 记得少年骑竹马：竹马，儿童当马骑的竹竿。还记得小时做游戏骑竹马的趣事。

⑥ 看看又是白头翁：白头翁，指白发苍苍的老人。转眼就成白发苍苍的老人。

新读

屋子本来就破烂不堪，恰恰又碰上了连阴雨；航船本来在逆水行驶，偏偏又遭遇了大风，真可谓是祸不单行，福无双至。

笋因为掉下一层层皮才成为竹子，鱼正因为有了不停奔波的经历，才有了成龙的机会。

至今常记起少年骑竹马时的快乐情景，但转眼间，头发已经白了。

故事

马德称的遭遇

明朝天顺年间,有个官居吏部给事中的人,名叫马万群,单生一子名叫马德称。德称聪明好学,十二岁中了秀才,家里十分富裕,人人都以为他早晚会出人头地。由于德称用心读书,年过二十尚未成婚,邻人黄胜把妹妹六瑛许与德称为妻。

谁知马万群弹劾奸宦王振,反被王振诬以贪污万两赃银,削职追"赃",家产被估卖一空。万群一病身亡,留下德称在坟堂中栖身,孤穷不堪,衣食不周。

无奈之下,他只好去杭州投奔表叔,没想到表叔几日前死了。再到南京访故友,可这些朋友故旧有的升官调走了,有的转到其他地方住了,还有的竟然死了,他在南京城找了一圈竟一个也投奔不着。

眼看着盘缠用尽,德称不得不寄食佛寺。家乡学官因他误了考试,把他秀才头衔也申黜了。这时,邻人黄胜已死,六瑛探知马秀才在外如此苦楚,派老家人带银百两去接未婚夫。马德称因一事无成没有接受,他想等到读书有成后再回家完婚。

转眼间,马德称三十二岁了。这年奸宦王振势败,新皇帝访知马万群冤屈,复其原官,并准许马德称恢复秀才资格。自此,马德称连考连中,殿试二甲,选为庶吉士。这时,他才回去与一直等着他的六瑛完婚。这正是"笋因落箨方成竹,鱼为奔波始化龙"。

君子安贫，达人知命

礼义[1]生于富足，盗贼出于贫穷[2]。天上众星皆拱北[3]，世间无水不朝东[4]。君子安贫[5]，达人[6]知[7]命[8]。

注释

[1] 礼义：道德规范。

[2] 盗贼出于贫穷：盗贼是因为没有钱才去偷东西的。

[3] 拱北：谓众星围绕北极星。

[4] 朝东：往东流入大海。

[5] 君子安贫：语出王勃《滕王阁序》，意思是安于贫困的境遇，知道自己的命运，不怨天尤人。

[6] 达人：指懂得大道理的人。

[7] 知：知道。

[8] 命：命运。

新读

懂礼义的人，多出自于家庭富裕的人家，打家劫舍的盗贼则是由于生活贫困后无可奈何而为。

天上的闪闪的星星，都是环绕着北斗星而有规律地排列，世界上的所有河流，最后都要流向东边的浩瀚大海。

品德高尚的人一般都能安于本分、守于贫困，通情达理的人大多能够知晓天命，明事理辨是非，对于任何事情都有自己的主观见解。

故事

孔子安贫乐道

孔子被困在陈国与蔡国之间，接连七天不能烧火做饭，用野菜做的汤里面连一个米粒也没有，生活的困顿，使他的神色显得有些疲惫，但是，他仍然在屋里抚琴唱歌。

弟子颜渊正择着野菜，他听到子路、子贡说："老师两次被从鲁国驱逐出来，隐退到了卫国，后来到宋国讲学，又差一点丢了性命。还曾经在周地遭受困顿，现在又被围困在这里了。可是，咱们的老师还是抚琴唱歌，君子难道就这样不把羞耻当回事吗？"

颜渊无法回答这个问题，就进去对孔子说。孔子把琴推到一边，长叹了一声说："你去把他们叫进来，我跟他们说说。"子路和子贡进来了。子路有些愤愤不平地说："我们为了传道，遭受这样的困境，简直到了走投无路的地步，这样做有什么意义吗？"

孔子说："怎么能这么说呢？君子能够通达道义就叫做'通（左右逢源）'，不能通达道义才叫做'穷（走投无路）'。现在，我孔丘虽然在这样的乱世之中遇到忧患，但是，这是因为坚持仁义之道所致。如果因为遇到忧患就放弃仁义之道，还能算君子吗？既然有君子之道，就不能说是走投无路啊。"

子路和子贡认真地听着，两人互相用眼睛余光扫了对方一下。颜渊默默地听着。孔子接着说："既然要推行君子之道，就要在心中永远坚持道义，无论遇到任何情况都不违背道义，即使遇到灾难也不失去道德原则。贫困是对我们能否坚持道义的一种考验啊！"

忠言逆耳利于行，良药苦口利于病

忠言逆耳利于行①，良药②苦口③利于病④。顺⑤天⑥者存，逆⑦天者亡。人为财死，鸟为食亡⑧。

注释

① 忠言逆耳利于行：逆耳，刺耳；一般对人有好处的话，听了都刺耳，但只有这种话才有利于我们的行动。

② 良药：有治疗效果的药物。

③ 苦口：喝到嘴里后有苦味。

④ 利于病：有利于疾病的治疗。

⑤ 顺：顺应，顺从。

⑥ 天：天命，这里指自然规律。

⑦ 逆：违背。

⑧ 人为财死，鸟为食亡：人活着是为了挣钱，鸟儿就是为了争夺生存的食物。

新读

忠言虽然刺耳，但却有利于一个人的行动；良药虽然喝着是苦的，但却能治疗人的疾病。

一切遵从天命的人会过得很好，但如果逆天行事，不按自然规律办事，就必然会自取灭亡。

人辛辛苦苦一辈子，无非就是为了挣钱生活；鸟儿忙忙碌碌一生也不过是为了觅食保命。

故事

樊哙劝刘邦

刘邦是沛郡丰邑中阳里人，即今江苏丰县人，秦朝时期，曾经担任过泗水亭长，后在江苏沛县起兵反秦，称沛公。

公元前207年，从江苏沛县起兵反秦的刘邦攻占了咸阳城。他走进皇宫，见宫内宝物无数，美女如云，感到了前所未有的新奇与满足，他产生了想好好地享用这一切的念头。

樊哙是刘邦的部下，他看出刘邦的心思，就问他是要做一个富豪，还是要统领天下。

刘邦说："当然是统领天下。"

樊哙说："秦宫里珍宝无数，美女众多，这些都是导致秦朝灭亡的原因。请速返回灞上，千万不能留在宫中。"

刘邦根本听不进樊哙说的话。

谋士张良知道后，对刘邦说："秦王昏庸无道，百姓起来造反，您才得到了这一切。您替天下百姓除掉暴君，更应该维护形象，节俭度日。现在刚到秦宫就想享乐，怎么能行呢？忠诚正直的话不顺耳，但对行动有利；好药一般都很苦，但却能治病。希望主公能够听从樊哙的良言！"

刘邦这才听从了劝告，马上下令封库，关上宫门，返回灞上。

夫妻相合好，琴瑟与笙簧

夫妻相合好，琴瑟[1]与笙簧[2]。有儿贫不久，无子富不长[3]。善[4]必寿老[5]，恶[6]必早亡。

注释

[1] 琴瑟：乐器。琴和瑟一起合奏。声音和谐，常以此比喻夫妻感情融洽。瑟是一种弦乐器，有的有二十五根弦，有的有十六根弦。

[2] 笙簧：一种管乐器，簧是乐器中发声的薄片。

[3] 有儿贫不久，无子富不长：生了儿子，即使家里穷，也会很快富起来；相反，没有生儿子，即使家里富裕，也会很快衰败下去。这种说法是不对的，带着作者那个时代的局限性。在当今这个时代，男女平等，生儿生女都一样。

[4] 善：善良，做善事。

[5] 寿老：长寿。

[6] 恶：为非作歹，做坏事。

新读

夫妻之间应该像琴瑟那样，永不分离；更应该像笙簧那样配合默契，这样才能比翼双飞，相伴到老。

有了儿子，贫穷不会长久，没有儿子富了也不长久。

常怀善念，多做好事，就能天长地久寿命长；干尽坏事，多行不义必然会自寻死路早夭亡。

故事

举案齐眉

梁鸿是东汉时的一个穷书生,他知识丰富,人也正派,深受当地人的尊敬。不少富贵人家都想把女儿嫁给他,但都被他拒绝了。孟光是县里一有钱人家的女儿,已经三十岁了,还没有出嫁。有许多富家子弟前来提亲,孟光都没答应。她父母很焦急,问她想嫁什么样的人,孟光说:"我要嫁梁鸿那样贤良又有学问的人。"

梁鸿知道以后,觉得这个孟光是个很贤惠而且很有主见的姑娘,就托人到孟家提亲,把孟光娶了回去。孟光刚结婚的时候,穿着新娘的服装,打扮很入时。梁鸿看不惯,一连几天都不理她。到了第八天,孟光脱下新装,取下金银首饰,穿着粗布衣裳,下厨做饭,操持家务。梁鸿这才高兴起来,主动上前与妻子说话。

梁鸿和孟光结婚以后,先是在霸陵山中隐居,织布种地,读书弹琴,过着清贫而自在的日子。后来他们搬迁到了吴中(今江苏苏州),借了别人的一间屋子住下来。梁鸿天天出去帮别人舂米种地,而孟光则在家操持家务,两人共同劳动,互敬互爱,过着和睦美满的日子。每天梁鸿下工回到家里时,孟光都已经做好饭菜,放在托盘里,双手端着,举得跟自己的眉毛一样高,恭恭敬敬地送到梁鸿的面前。梁鸿也很有礼貌地双手接过来,然后夫妻一起享用。

爽口食多偏作药，快心事过恐生殃

爽口[1]食多偏作病，快心事[2]过[3]恐生殃[4]。富贵定要安本分[5]，贫穷不必枉思量[6]。画水[7]无风空作浪，绣花虽好不闻香。

注释

[1] 爽口：可口的食物。

[2] 快心事：快乐、高兴的事。

[3] 过：过于，多。

[4] 殃：祸殃。

[5] 富贵定要安本分：富贵的人一定安分守己，遵守法纪。

[6] 贫穷不必枉思量：贫穷的人就不要枉费心机了。这句话是"死生有命，富贵在天"的翻版，也是一个极端错误的观点，它宣扬的是"穷人永远是穷人，富人永远是富人"的封建思想，实际上，它与本文的某些观点也是相对的。因此，我们在学习这篇文章好的一面的同时，也应该擦亮眼睛，辨别、剔除其糟粕。

[7] 画水：画中的水。

新读

爽口的食物吃得太多，容易生病；一个人高兴过头了，容易遭殃。

富贵之人一定要安于本分，贫困的人也不要枉费心机。

画中的风浪虽然很大，却永远也不会移动；布上绣的花儿再鲜艳，同样也闻不到芳香。

故事

淳于髡借酒劝君

淳于髡是入赘到齐国的女婿，身高不足七尺。按当时尺寸，是个身材矮小的人。他非常善辩，喜好喝酒，多次受命出使各诸侯国，总是能够出色地完成使命，很受齐威王的赏识。

齐威王也很喜欢喝酒，经常一喝就是一个通宵，不免疏忽了很多国事。在喝酒问题上，淳于髡想劝谏齐威王，却一直没有找到合适的机会。

有一次，楚国举兵攻打齐国，齐威王派淳于髡出使赵国请求援助。淳于髡说服赵王，借来精兵十万。楚国见到这种状况，不得不撤兵。

齐威王非常高兴，特意在后宫备酒宴，为淳于髡庆功。淳于髡正想利用这个机会劝谏齐威王喝酒，便欣然前往。席间，齐威王问："听说先生海量，那么能喝多少酒呢？"

淳于髡回答："一斗也醉，一石也醉。"

齐威王觉得奇怪，忙问这是什么原因。

淳于髡解释说："有约束的时候，喝得少，这样喝得少也算醉了；无约束的时候喝得多，所以直到一醉方休。但酒喝多了，就容易出乱子，享乐到了顶点，就会走向反面，出现可悲的结局。天下万事都是这样，过了就会走向它的反面。"

齐威王知道淳于髡是在用"乐极生悲"的典故来劝诫自己，于是高兴地说："你说得好。"

贪他一斗米，失却半年粮

贪他一斗米[1]，失却半年粮[2]。争他一脚豚[3]，反失一肘羊[4]。

> 注释

[1] 贪他一斗米：斗，容量单位，十升为一斗。意思是想把他人的一斗小米占为己有。

[2] 失却半年粮：失却，失去、失掉。意思是你会丢失半年的粮食作为偿还的代价。

[3] 争他一脚豚：豚，小猪；脚豚，猪蹄。意思是你把别人的一只猪蹄霸为己有。

[4] 反失一肘羊：肘羊，羊腿。意思是你反而会失去一大肘子的羊肉。比喻贪心的人会因小失大。

> 新读

为人永远不可以贪婪，因为你有时贪图他人的一斗小米，往往会损失自己半年的粮食。

你费尽心力地争夺来别人的一小只猪蹄，反过来却会失去自己的一大肘子的羊肉。

贪官和珅被赐死

和珅,字致斋,原名善保,满洲正红旗人,1769年以文生员身份承袭三等轻车都尉。乾隆四十一年(1776年),正月授户部侍郎;三月在军机大臣上行走;四月授总管内务府大臣。

乾隆四十五年(1780年)正月,和珅赴云南查李侍尧案。案结在回京路上,升户部尚书,旋命在议政大臣上行走;五月实授御前大臣,补镶蓝旗满洲都统,十月任四库管正总裁,兼办理藩院尚书事。不久,长子丰绅殷德被乾隆指为十公主额驸,至此,权势熏天。

大权在握,又是皇亲国戚,一些趋炎附势之徒开始向和珅投抱送怀。和珅也终于尝到掌握大权大财的滋味,开始伸出了他的黑手。

他利用职务之便,结党营私,聚敛钱财,并用贿赂、迫害、恐吓、暴力、绑架等方式收集不义之财。一时之间,钱财滚滚而来,但鉴于他和当朝皇帝乾隆的特殊关系,朝中大臣都敢怒而不敢言。

嘉庆四年(1799年)正月,太上皇乾隆驾崩。仅仅五日之后,嘉庆帝即下旨将和珅革职下狱。抄家时发现,和珅竟非法获得白银八亿两。当时清廷每年的税收不过七千万两,和珅所贪污的财产相等于当时清政府十五年收入。为此,时人称"和珅跌倒,嘉庆吃饱"。当年正月十八,朝廷赐和珅狱中自尽。

平生只会量人短，何不回头把自量

龙归晚洞云犹湿[1]，麝过春山草木香[2]。平生只会量人短[3]，何不回头把自量[4]。见善如不及[5]，见恶如探汤[6]。

注释

[1] 龙归晚洞云犹湿：云犹湿，云彩里还带有浓重的水分。意思是说龙腾飞一天后回归住处时，空气里还带有浓厚的水雾。

[2] 麝过春山草木香：麝，一种像鹿的动物。雄麝腺囊能分泌麝香，有特殊的香味。意思是麝子走过春天的山场时，草木都带有浓浓的香气。

[3] 平生只会量人短：短，短处，缺点。有的人一生只会找别人的缺点、短处。

[4] 何不回头把自量：量，思量，打量。为什么不回过头来，好好地检查一下自己的过错呢？

[5] 及：达到，做到。

[6] 汤：热水，沸水。

新读

腾飞的龙回归洞里后，云彩还沾着龙带来的湿气，奔跑的鹿麋虽然走过去了，但草木上还留有麝香的香气。

有的人一辈子只会揭别人的短处，看见别人的错误，为什么不回过头来看看自己有什么缺点呢？

看见善良的行为，要唯恐自己比不上，才能增长德行；看见丑恶的行为，要远离不效仿，才能远离罪恶。

故事

李离悔过自尽

李离是春秋时晋文公手下的一个狱官。他执法严明、公正无私。有一次，他的下属向他呈报了一个杀人案件。报告说人证物证俱在，案情十分清楚。李离觉得此案并无什么漏洞，便没有亲自提审犯人，将被告判了死刑。那犯人依法被处斩。

不久，官府意外地查出了此案真正的杀人凶手。原来那杀人真凶杀人后采取了嫁祸于人的伎俩，蒙骗了办案的人。

李离得知此事后，追悔莫及。于是，他毅然自枷上朝，怀着十分内疚的心情，来到晋文公面前，"扑通"跪下，自首道："臣冤杀无辜，罪该万死，愿以七尺之躯，偿死者之命。"

晋文公面对这个执法无私的大臣，深感是个难得的人才，不忍心将他处死。便劝说道："人死了不能复生，那人既已处斩了，何必还要搭上一条命呢？"

李离回道："国君委我以重任，而我却没有尽到自己的责任，有负国君厚望。如今错杀了人，就应当依法处治。臣以为不论官阶高低，治罪应当一视同仁，王子犯法，与民同罪。现在我既犯下死罪，怎么可以不受处治呢？"

面对这个执法无私的大臣，晋文公不忍心将他处死。李离见晋文公摇头不准，便"霍"地站起身来，拔出佩剑，自刎而死。晋文公见此情景悲痛不已。事后，下令厚葬了李离，并将此事通告全国，号召全体官员向李离学习。

人贫志短，马瘦毛长

人贫志短，马瘦毛长[1]。自家心里急，他人未知忙[2]。贫无达士将金赠[3]，病有高人说药方[4]。

注释

[1] 人贫志短，马瘦毛长：语出宋代庄季裕的《鸡肋编》，原文为"人穷令智短"。比喻人在穷困的时候，就会显得精神不振的样子。

[2] 自家心里急，他人未知忙：未知忙，不知道着急。这句话的意思是，你自己心里有事，别人不一定知道，也不会关心。

[3] 贫无达士将金赠：达士，豁达仗义的人。贫穷的时候，不会有哪个好心人来给你送钱。

[4] 病有高人说药方：高人，医术高的人。你生病了有人会把治病的方法告诉你。

新读

穷人由于生活困顿，衣食无着，一般都难以有远大的志向，瘦马由于缺少营养，常常显得身上的毛格外长。

遇到了重大的事情，只有自己的心里才会着急，别人不可能知道你会有什么心情，更不会替你着急。

一个人若是贫穷了，一般不会有哪个好心人来给你雪中送炭；但如果要是有人生了重病，却会有医术高明的人来告诉你治病的良方。

故事

杜甫人穷志不短

唐代大诗人杜甫在长安由于得不到任用，加之父亲去世，失去了固定的经济来源，生活十分困顿。

后来杜甫被迫离开长安，流落到了成都。一家人暂时借住在浣花溪畔的一座古寺里，家里都揭不开锅了。

尽管个人遭遇了不幸，但杜甫却无时无刻不忧国忧民。时值安史之乱，他注视着时局的发展，在此期间写了两篇文章：《为华州郭使君进灭残寇形势图状》和《乾元元年华州试进士策问五首》，为剿灭安史叛军献策，考虑如何减轻人民的负担。当讨伐叛军的劲旅、镇西北庭节度使李嗣业的兵马路过华州时，他写了《观安西兵过赴关中待命二首》的诗，表达了爱国的热情。

758年底，杜甫暂离华州，到洛阳、偃师探亲。第二年3月，唐军与安史叛军的邺城之战爆发，唐军大败。

杜甫从洛阳返回华州的途中，见到战乱给百姓带来的无穷灾难和人民忍辱负重参军参战的爱国行为，感慨万千，便奋笔创作了不朽的史诗《新安吏》、《石壕吏》、《潼关吏》和《新婚别》、《垂老别》、《无家别》，并在回华州后，将其修订脱稿。

凡人不可貌相，海水不可斗量

触来莫与竞[1]，事过心清凉[2]。秋至满山多秀色[3]，春来无处不花香[4]。凡人不可貌相[5]，海水不可斗量[6]。

注释

[1] 触来莫与竞：竞，竞争，争吵、争执。别人冒犯了你，不要与他们发生争执。

[2] 事过心清凉：清凉，清新舒畅。当时间一长，事情过了以后，你就会发现自己心情非常清爽、舒畅。

[3] 秋至满山多秀色：秋至，到了秋天。秋天到了以后，山上到处都呈现出美丽的景色。

[4] 春来无处不花香：春来，春天来临。春天到来的时候，漫山遍野都是鲜花的香味。

[5] 貌相：从长相上去判断、评判。

[6] 海水不可斗量：量，衡量。浩瀚的海水是不能够用斗去一斗一斗地测量它的多少的。

新读

当别人触犯你的时候，心态要平静，尽量不要与人家争论，等时间久了，事情过后，心情自然会平静下来。

秋天到了，漫山遍野都会充满秀丽的景色；春天来临，四面八方都会散发着醉人的花香。

观察问题要客观全面，看人不能只看他的表面如何，就像海水是不能够用斗去衡量一样。

故事

丑姑见皇上

从前，有位王大人，他有三个儿子和三个媳妇，三个儿媳中数三儿媳最丑，大家都叫她丑姑，可是又数她最聪明。一次，王大人为了考考三个媳妇，给她们出了一个哑谜，让她们回娘家给他拿个纸包火，再用布兜风回来。

几天后，大儿媳和二儿媳都愁眉苦脸地空手而归，只有丑姑带回来一个纸糊的灯笼和一把布面扇子。这正是王大人所要的，从此丑姑聪明就出了名。过了几年，王大人在朝中遇到了难题，皇帝让他在一月之内将海水全都变成酒。

王大人没了主意，急出病来了。这时，丑姑对他说："公公，你别怕，明天你带我上朝，我有办法。"

王大人实在是没有别的办法，只好带丑姑进京，面见皇上。

丑姑见了皇上说："皇上，你让我公公把海水变成酒并不难，但你得先派个人把海水用斗量一量，看看共有多少斗，这样我们才能用同样的斗数去换。"

皇帝一听就愣了，心中暗想：这海水怎么能用斗量呢？

再看眼前这女子虽丑，却大胆机灵，不禁随口说道："人不可貌相，海水不可斗量啊！"

皇帝接着又夸王大人娶了个好儿媳，并给他官升一级。

茅茨之屋，或有侯王

清清之水❶，为土所防❷。济济之士，为酒所伤❸。蒿草❹之下，或有兰香❺。茅茨❻之屋，或有侯王❼。

注释

❶ 清清之水：清清，指水清澈见底。清澈得能够见底的流水。

❷ 为土所防：防，拦挡。被不起眼的土阻挡。

❸ 济济之士，为酒所伤：济济，形容人多。无数的有才华的人，却被酒水所伤害。

❹ 蒿草：一种植物，有很多种类，包括细竹、菱草等，部分品种可食用，多有香味或异味，常用于配料。

❺ 兰香：兰草，属兰科，是单子叶植物，为多年生草本，味辛平，气芳香，它的花素而不艳，亭亭玉立，长久以来，备受中国人的喜爱。

❻ 茅茨：茅草。

❼ 侯王：即王侯，指栋梁之材。

新读

清澈见底的河水，虽然能够随心所欲地四处流淌，但却会被一堆丑陋不堪的黄土阻挡住的去路。

无数的英雄好汉，能够创造令世人瞩目的卓越业绩，却往往会被毫不起眼的酒色伤害自己的身体。

质朴芜乱的蒿草下，可能长着芬芳袭人的兰草；

残破低矮的茅屋里，也许住着未来的栋梁之材。

故事

将军不怕出身低微

卫青，西汉时杰出的军事家、统帅。卫青出身低微，他的父亲是平阳侯曹寿家里当差的。

卫青长大以后，在平阳侯家当了一名骑奴。

后来，因为卫青的姐姐卫子夫进宫，受到汉武帝的宠幸，卫青的地位才渐渐显贵起来。

就在李广战斗中被匈奴兵俘虏后又逃回的那年，汉军四路人马，三路都失败了。只有卫青打了胜仗，他被封为关内侯。

公元前124年，卫青率领骑兵三万，追到长城外。匈奴右贤王以为汉军还离很远，一点也没防备，在兵营里喝酒作乐，喝得酩酊大醉。

卫青在夜色的掩护下，急行军六七百里，包围了右贤王。汉兵从四面八方冲进匈奴营地，打得匈奴部队四面逃窜，乱成一团。右贤王的酒刚刚惊醒，要抵抗已来不及了，只好带着他的几百个亲信脱身逃走。

这一仗，卫青的人马一共俘获了一万五千名俘虏，其中匈奴的小王就有十多人。

汉武帝得到捷报，立刻派使者拿着大将军印，送到军营，宣布卫青为大将军，封他部下的七名将军为侯。

醉后乾坤大，壶中日月长

无限朱门①生饿殍②，几多白屋出公卿③。醉后乾坤④大，壶中日月⑤长⑥。

注释

① 朱门：用朱红色漆漆成的大门，泛指豪门贵族。

② 饿殍：饿死的人。

③ 几多白屋出公卿：白屋，用茅草覆盖的屋，指贫穷人家。有多少贫穷人家的子弟能够当上高官呢？

④ 乾坤：指天地。

⑤ 日月：指时间。

⑥ 长：漫长。

新读

许多豪门贵族之家出现饥寒交迫的下人，但有几家茅草房里出来的穷人能够当上高官呢？

很多人醉后才会自我感到安慰，获得一丝满足，这可能就是那些精神痛苦的人想"醉"的原因吧！

> 故事

刘伶嗜酒如命

刘伶，字伯伦，魏晋时期沛国（今安徽淮北市濉溪县）人。他身高只有六尺，合今1.41米，面容丑陋，其貌不扬。恬淡少语，朋友很少。但自从遇到阮籍、嵇康后，立即结为至交，携手入林，成为竹林七贤之一。

刘伶嗜酒如命，不治家产，以喝酒为人生要务，自得其乐。他经常坐着一辆小车，带着一壶酒，东游西逛，旁若无人。每每叮嘱跟随他的人，走时带一把木锹，喝酒醉死便就地将他埋掉。

有时在屋中喝酒，他便脱光衣服，赤裸着身体也毫不在乎。有人讥笑他，他便反驳道："我把天地当作房屋，把房屋当作裤子，你们这些人无缘无故钻到我的裤裆里做什么？"

刘伶喝酒没有节制，妻子无法忍受，便把酒具砸烂，痛哭流涕地劝他："你酒喝得太多，对身体不好，一定要戒掉。"刘伶也不生气，顺着说："好吧，不过我酒瘾太大，自己恐怕戒不了，只能求告鬼神帮忙。你马上为我准备酒肉，我要对神发誓。"妻子信以为真，按他的吩咐准备妥当。没想到刘伶跪下却说："天生刘伶，以酒为名。一饮一斛，五斗解酲。妇儿之言，慎不可听。"说完，喝酒吃肉，豪饮完毕，烂醉而眠。

刘伶也当过官，叫建威参军。泰始年间还曾提出过无为而治的政治主张，但因未被采纳，从此即喝酒买醉，至罢官回家后，更加变本加厉。

光阴黄金难买，一世如驹过隙

千里送鹅毛[1]，礼轻仁义重。一人传虚，百人传实[2]。世事明如镜，前程暗似漆[3]。架[4]上碗儿轮流转，媳妇自有做婆时。光阴黄金难买，一世如驹过隙[5]。

注释

[1] 千里送鹅毛：语出宋代欧阳修《梅圣俞寄银杏》诗："鹅毛赠千里，所重以其人。"鹅毛，比喻极细小的事物。比喻礼物虽然微薄，却含有深厚的情谊。

[2] 一人传虚，百人传实：语出唐代张怀瑾的《书断论》："一人传虚，百人传实。"虚：指没有的事情。一人传出没有根据的事，众多的人就当做实有的事传开了。指根本无事，因传说的人多，就使人信以为真。

[3] 漆：黑漆。

[4] 架：指橱柜。

[5] 如驹过隙：像小白马在细小的缝隙前一闪而过一样。形容时间过得很快。

新读

千里送来一根雪白的鹅毛，礼物虽轻，但却情深义重。

一个人说的假话，经过许多人一传，便会像真的一样。

眼前的事情一切都十分清楚，但以后的前程却一片黑暗。

橱柜里的饭碗轮流替换，今日的媳妇早晚会当成婆婆。

黄金再多难买光阴，人生在世转眼即逝，所以，我们千万不要虚度光阴，浪费时间。

故事

邵雍珍惜时间

古时候有一个人，为了读书，竟几年不上床睡觉，这个人就是北宋著名的哲学家邵雍。邵雍，从小就是一个刻苦用功、严格要求自己的孩子，他学习起来有一股子争分夺秒的劲头。

冬天气候寒冷，他舍不得花时间去生炉子；夏天暑气烤人，他为了不分散注意力，竟连扇子都不扇。白天，吃饭就是他的休息时间；晚上，他夜以继日地苦攻苦读。困了，就伏在桌子上睡一会，醒了再读，竟有几年不上床睡觉。

有一年，邵雍居住的共城来了一个名叫李之才的县官。李之才是位《易经》专家，很有学问，为人也很坦率。

他听说邵雍刻苦好学，曾到邵雍家拜访。邵雍也很敬佩李之才，当时就拜李之才为老师。从那以后，邵雍学习更加刻苦，又有三年时间没有上床好好睡过觉。

《易经》是我国古代儒家重要经典之一，邵雍对《易经》非常爱好。在李之才的指导下，他认真钻研《易经》。为了熟读《易经》，他把《易经》抄写出来，贴在房间的墙壁上，抬头就能看到，每天都要背诵几十遍。

尽管生活艰苦，邵雍通过学习，终于成为一位有名的哲学家。他一生不愿做官，但他的学术成就以及治学态度，影响却是很大的。

千经万典，孝义为先

良田万顷，日食一升[1]。大厦千间，夜眠八尺[2]。千经万典，孝义为先[3]。一字[4]入公门[5]，九牛拖不出。衙门八字开，有理无钱莫进来。

注释

[1] 良田万顷，日食一升：升，我国古代计量单位，十升为一斗，十合为一升，一升米大约是两公斤。这句话的意思是说，一个人就是有万顷良田，万担粮食，但他一天也只不过能吃一升左右。

[2] 大厦千间，夜眠八尺：一个人就是有一千间高楼大厦，但他晚上睡觉只能占去八尺左右。

[3] 千经万典，孝义为先：孝，对父母尽心奉养并顺从，这是中华文化传统提倡的伦常关系。义，公正合宜的道理或举动，是儒家倡导的伦理道德。这句话的意思是说需要学习的经典著作不论有多少，最先应该学习的应该是孝义。

[4] 一字：指很微小的事情。

[5] 公门：衙门。

新读

家有良田万亩，每天也不过吃一升。

即使有大厦千间，一个人也只能睡八尺长的地方。

不管有什么样的经典，忠孝仁义都是首要的。

人一旦进了官署，九头牛也拉不回来了。

告状、打官司，不管有理没理，没有钱通融就不要去了。

（讽刺当时封建官僚的腐朽。）

故事

子欲养而亲不待

春秋时，孔子外出游历，在路上听见有人啼哭。

孔子说："追上去，追上去！前面有贤人在哭泣。"

近前一看，原来是皋鱼，他身穿粗布衣，在道旁哭泣。

孔子把车停下，同皋鱼交谈起来："先生莫非有丧事，为什么哭得如此悲痛呢？"

皋鱼说："我有三个过失！年轻时到处求学，可是等到回家的时候，双亲已经去世，这是第一个过失。"

孔子问："那么，第二个过失呢？"

皋鱼说："自命清高行事傲慢，不愿侍奉昏庸的君主，以致岁数很大了却没有任何成就，这是第二个过失。"

孔子点点头："那第三个呢？"

皋鱼沉痛地说："与朋友交谊深厚却中途绝交，这是第三个过失。"

孔子表示赞同。

皋鱼说："子女想孝敬双亲而父母却过早去世，一去不复返的是岁月年华，不能再相见的是去世双亲，我要与世永别了。"

皋鱼说罢一下子形同枯木，立即就死去了。

孔子的弟子听了这一席话，立即有十三名弟子辞别孔子，回家侍奉父母去了。

富从升合起，贫因不算来

富从升合起①，贫因不算来②。家中无才子，官从何处来③。人间私语④天闻如雷；暗室亏心⑤神目⑥如电。

注释

① 富从升合起：合，容量单位，十合为一升。若想致富，需要一点一滴从细小处做起。

② 贫因不算来：算，打算，计划。贫困都是因为没有计划，不会计算而造成的。

③ 家中无才子，官从何处来：家中没有一个读书的人，怎么能够去做官呢？

④ 私语：私下说的话。

⑤ 暗室亏心：语出元代张养浩《折桂令》曲："暗室亏心，纵然致富，天意何如。"意思是在暗中做见不得人的亏心事。

⑥ 神目：神灵的眼睛。

新读

要想富裕，必须要从小事做起，要有计划，贫穷的家庭，一般都是因为缺少计划造成的。

家里若是没有有才能的人，那么，你的官位从哪里来呢？

人间的私房话，上天听来像雷一样响。

在暗地里做亏心事，神的眼睛像电光一样看得清清楚楚。

故事

第五伦勤俭持家

东汉时候，有一位地方官，复姓第五，名叫伦。

汉光武刘秀时，第五伦出任太守。到了汉章帝时，他又被皇帝封为司空。他做官的时间很长，按说应该有很多积蓄，但实际上并没有。他把大部分钱财都用于救济别人了。他对家人要求极严，不许子女穿绸衣，就连他的妻子司空夫人，平时也只穿粗布衣裙。别的有钱人家，妻妾奴仆成群，第五伦家却粗茶淡饭，家中仅有一两个干重活的仆人，其他洗菜、做饭、缝纫等等家务，都由他妻子一人承担。

有一次，第五伦的一个远亲从外地来到他家。远亲心想，第五伦长年做官，官位显赫，家中一定是亭台楼阁，富丽堂皇。不料，走进第五伦家中一看，完全与他所想的相反，宅院狭小，摆设简朴，许多家具已很破旧。他还看到司空夫人忙里忙外，洗衣做饭，真让人难以相信……

吃饭时，那位远亲说："没听说过，大官的夫人还要下厨做饭！这不是和下等人一样了嘛！"

第五伦听了，不以为然地笑笑说："平常人家的妇人，不仅烧饭，还要干粗活，我们已经比别人强多了。持家要勤俭，否则若养成奢侈浪费习惯，人就会变懒变馋。那样，家风就败坏了，家风不好，那才丢面子呢！我们的家风决不能变！"

那位远亲想了想，说："也许你说得是对的，不过，像你这样的少见啊！"

一毫之恶，劝人莫作

急行慢行，前程只有多少路。一毫[1]之恶[2]，劝人莫作。一毫之善[3]，与人方便。欺人是祸，饶人是福。天眼昭昭[4]，报应甚[5]速[6]。圣贤[7]言语，神钦鬼服[8]。

注释

[1] 一毫：形容细小。

[2] 恶：坏事。

[3] 善：好事。

[4] 昭昭：明亮。

[5] 甚：极，非常。

[6] 速：神速，非常快。

[7] 圣贤：圣人和贤人。指古代具有高尚道德修养的人。

[8] 神钦鬼服：钦，钦佩；服，佩服。鬼神都佩服。

新读

无论你是急行，还是慢走，你的前程都不会有大的改变。

劝人不要做一点坏事，但应做点好事，给人带来好处和方便。

伤害人会带来灾祸，宽恕却能给人带来福分。

天道广阔，但对恶人的报应却很快。

圣人的名言，鬼神都敬重服气，我们更应该信服。

故事

杨震拒收黄金

杨震，字伯起，东汉弘农华阴人。他少年时代聪颖好学，博览群书，被当时的读书人称为是"关西的孔夫子"。

杨震多年客居于湖县，一边读书一边教学生。州郡的官员久闻他的德才，曾多次召他出来做官，都被他谢绝了。直到五十岁那年，大将军邓骘听说他贤明，举荐他做了官。

杨震官居荆州时，发现王密才华出众，便向朝廷举荐他当了昌邑县令。后来杨震升任东莱太守，赴任途中路过昌邑。王密听说立即亲赴郊外迎接恩师，安顿食宿，照应得无微不至。

晚上，王密独自前往杨震下榻的寓所。王密见室中无人，从怀中取出十斤黄金对杨震说："承蒙恩师举荐，学生才有今日，今天特备小礼，以报恩师栽培之恩！"

"不可，不可！"杨震见状，连连摆手拒绝。并说："我推荐你，是看中了你的才华，并无半点私情。"

王密虽遭拒绝，但仍然力争说："现在夜深人静，这事无人知道，请您放心收下吧。"

杨震听罢，脸色顿时沉了下来，声色俱厉地说："你送金与我，人怎么会不知道？即使没人知道，也有天知地知、你知我知！"

几句话说得王密羞愧满面，只好把黄金收了起来。杨震后来一再升职，但他始终保持了洁身自好、廉正无私的品格。

人各有心，心各有见

人各有心，心各有见①。口说不如身逢②，耳闻不如目见③。养军千日，用在一朝④。国清才子贵⑤，家富小儿娇。利刀割体痕易合⑥，恶语伤人恨不消⑦。

注释

① 人各有心，心各有见：心，思想；见，见解。每个人都有自己的思想，每个人都有不同的见解。

② 身逢：指亲身经历。

③ 耳闻不如目见：耳朵听到的，不如眼睛看到的。

④ 养军千日，用在一朝：语出《秦并六国平话》卷上："王贲启奏曰：'告陛下，养军千日，用在一朝。'"指长期供养、训练军队，以备一旦用兵打仗。

⑤ 贵：指受到尊重。

⑥ 利刀割体痕易合：用锋利的刀子割伤了身体也很容易愈合。

⑦ 恶语伤人恨不消：说了伤害人的话却使人一辈子也忘不了。

新读

每个人都有自己的思想，他们对事物的理解也各有不同。

口说不如亲自去做，耳听不如亲眼去看。

长期供养训练军队，为的就是一旦用兵打仗。

国家太平清廉，有才能的人才能受到重视；家庭富裕有钱，孩子才显得娇气。

刀子伤了人是很容易治好的，但恶语伤害了人却很难使人消恨。

故事

沈括舌战辽臣

沈括,字存中,钱塘(今浙江杭州)人。沈括是我国卓越的科学家,也是北宋著名的政治家和爱国者,他出使辽国,据理力争,保卫宋朝疆土的佳话,被后人广为流传。

宋神宗时期(1074),北方强国辽不断挑起边境争端,并向宋朝提出无理的土地要求,遭到宋朝的反对和抵制。于是,辽国在边境陈兵百万,杀人烧房,以武力相威胁。面对事端,宋神宗忧心忡忡,如何既避免战争又不失疆土,唯一的办法就是派使者赴辽,直接交涉。而能担当起这一艰巨使命的,只有才能出众,成就卓越的沈括。

沈括接旨后,排除了辽方制造的种种阻挠,两次到达辽国进行谈判。辽国内外戒备森严,阵势咄咄逼人。沈括从容不迫,有理有据。

面对辽方无理要求,沈括当场举出辽方于1042年与宋方共同商定以鸿和尔大山北山脚为界的事实,拿出辽顺义军承认以鸿和尔大山北山脚为界和天池子属于宋朝的屡次公文。沈括"以子之矛,攻子之盾"用辽方自己的文件反击辽方的无理要求,使环座惊愕,为之失色。

过了几日,辽方又提出了原来辽方一百多"部族"在天池子牧马之事,想用这一"事实",挟逼沈括承认他们享有土地主权。沈括马上给予义正辞严地批驳。指出:地界文字有明白无误的记载,辽方"不应当过界下帐"。

两次交锋,辽方强词夺理,胡搅蛮缠,但都被沈括依据事实,驳得体无完肤。最后不得不放弃了讨索土地的要求,也不敢贸然发动军事行动,沈括出色地完成了这次赴辽使命。

父子和而家不退，兄弟和而家不分

公道世间唯白发①，贵人头上不曾饶②。有钱堪③出众，无衣懒出门。为官须④作相，及第⑤必⑥争先。苗从地发⑦，树向枝分⑧。父子和而家不退⑨，兄弟和而家不分。

注释

① 公道世间唯白发：世界上最公正的是人人都会衰老。
② 贵人头上不曾饶：饶，免除处罚。就是达官贵人也不能幸免。
③ 堪：才能，足以。
④ 须：应该，必须。
⑤ 及第：指科举考试。
⑥ 必：一定要。
⑦ 发：指发芽，萌发。
⑧ 分：指长枝，分权。
⑨ 退：衰退，败落。

新读

人会衰老是不可改变的自然规律，即使是再高贵的人也改变不了这个事实。
有钱的人愿意在人前显示，而没有好衣服穿的人门都不愿出。
做官要争取做到宰相，考试必须要争取第一名。
苗是从地里发出来的，树枝是从树上分长出来的。
父亲和儿子团结一致，家就不会衰败；兄弟之间和睦相处就不会分家。

故事

王祥和王览兄友弟恭

王祥,是晋代琅琊(今山东临沂县)人。

他小时,性情温厚,孝敬父母。母亲死后,继母朱氏对他很不好,多次向他父亲说他的坏话,因此他父亲也不喜欢他,让他干又脏又累的活,但他毫无怨言,更加小心,不惹父亲生气。

王览,是王祥继母生的弟弟,性情爽直,很懂事儿。四五岁时,看见王祥挨打挨骂,他就抱着母亲流泪。到了童年,他经常劝阻母亲不要虐待王祥。他和王祥很友爱,经常在一起,王祥也很喜欢他。

有时他母亲无理地支使王祥干力所不及的重活,他就和哥哥一起去干,这样使母亲停止对王祥的无理支使。

父亲死后,王祥在乡里稍稍有点名气了。这又遭到继母的忌妒。她暗自把毒药放到酒里,想毒死王祥。王览在暗中看出毛病,赶紧到哥哥房中夺回毒酒。这时王祥也看出酒有问题,怕弟弟抢去喝了中毒,于是弟兄俩抢起酒来。继母听到争吵声,赶紧跑来把酒夺回去倒掉。从此以后,每逢吃饭,王览就和哥哥一起吃,朱氏再也不敢在食物中放毒了。

继母死后,徐州刺史吕虔聘请王祥去当别驾。王祥不愿意离开弟弟,想不去就职,王览极力劝哥哥去,并亲自为哥哥打点行装,亲自赶着牛车送哥哥去徐州上任。

后来,王祥政绩清明,得到百姓的赞扬。王览也得到皇帝的嘉奖,并起用为宗正卿官。弟兄俩始终亲密友爱,为当时人所称颂。

国乱思良将，家贫思贤妻

官有公法[1]，民有私约[2]。闲时不烧香，急时抱佛脚[3]。幸生太平无事日，恐逢年老不多时。国乱思[4]良将，家贫思贤妻。池塘积水须防旱，田地勤耕足养家。根深不怕风摇动，树正何愁[5]月影斜。奉劝君子，各宜守己。只此呈示，万无一失。

注释

[1] 公法：指国家的法律法规。

[2] 私约：私下签订的契约。

[3] 闲时不烧香，急时抱佛脚：指平时不作准备，有事才仓促应对。

[4] 思：渴望，盼望。

[5] 何愁：不愁，不怕。

新读

国家有国家的法律，民间有民规乡约。
空闲时不烧香敬佛，有事了才去求佛显灵怎么可以灵验呢！
有幸生在太平盛世，不知道到老了还是不是这么好。
国家动乱时，盼望贤才良将；家庭贫困时，思念有贤惠善良的妻子。
池塘里积水是为了防止干旱，土地深耕勤作是为了种好庄稼。
树根长得深才不怕风的摇动，树长得正怎么会怕影子斜呢？
奉劝大家，每个人要注意克己、勤学、守法，
只要照上面的名言去办了，就会万无一失。

故事

李广大战匈奴

李广，陇西成纪人，汉朝初期名将。当时，汉朝主要的边患是北方匈奴的入侵。李广为抗击匈奴，几乎一生全都在疆场上度过。他热爱祖国，英勇杀敌，为保卫边疆安全，立下了汗马功劳。

李广打起匈奴来，骑马奔跑像飞一样，箭又射得准。匈奴贵族和骑兵，一般都知道李广的厉害。匈奴犯汉界时，只要知道李广在边界附近，就不大敢进来。公元前129年，匈奴又来进犯，一直打到上谷，即今河北怀来东南一带。汉武帝派卫青、李广等四个将军，每人带一万人马，分四路去抵抗匈奴。这四个将军当中，李广年纪最大。他在汉文帝的时候就做了将军。这一次，李广吃了败仗，被朝廷定了死罪。后来按朝廷的规定，交钱赎罪，回到老家做了平民。

第二年秋天，也就是公元前128年，匈奴两万骑兵又打进来，杀了辽西太守，掳去青年男女两千多人和不少财物。边关百姓惶惶不可终日，朝廷也无可用之人。

汉武帝这时又想起了威振敌胆的飞将军李广，起用他为右北平太守。李广做了右北平太守，匈奴吓得丢了魂儿似的，逃到别处去了。有一天晚上，李广忽然瞧见山脚下蹲着一只斑斓猛虎，他连忙一箭射过去，手下人跑过去一看，原来中箭的是一块好像老虎的大石头！箭进去很深，怎么拔也拔不出来。这个消息传开后，匈奴更不敢来侵犯右北平了。

图书在版编目（CIP）数据

增广贤文新读 / 胡元斌,郭艳红编著.—北京：中国书籍出版社,2013.8
（新课标国学美绘新读）
ISBN 978-7-5068-3613-5

Ⅰ.①增… Ⅱ.①胡… ②郭… Ⅲ.①古汉语—启蒙读物 Ⅳ.①H194.1

中国版本图书馆CIP数据核字(2013)第157363号

增广贤文新读

胡元斌　郭艳红　编著

策划编辑	武　斌　崔付建
责任编辑	邓潇潇
责任印制	孙马飞　张智勇
封面设计	大华文苑
出版发行	中国书籍出版社
地　　址	北京市丰台区三路居路97号（邮编：100073）
电　　话	（010）52257143（总编室）　　（010）52257153（发行部）
电子邮箱	chinabp@vip.sina.com
经　　销	全国新华书店
印　　刷	北京欣睿虹彩印刷有限公司
开　　本	710毫米×1000毫米　1/16
字　　数	190千字
印　　张	10.5
版　　次	2013年10月第1版　2013年10月第1次印刷
书　　号	ISBN 978-7-5068-3613-5
定　　价	29.80元

版权所有　翻印必究